Für meine Enkel
Markus, Hannah, Janis, Nicolas, Allysia und Leonie

Geschichten aus dem
Alten Testament

Vom Anfang der Welt

Gott macht Himmel und Erde, Tiere und Menschen

Erstes Buch Mose 1, 1 bis 2, 4

Stell dir vor, es ist Nacht, stockfinstere Nacht. Man sieht nichts, überhaupt nichts. So war das ganz am Anfang der Welt. Da spricht Gott: »Licht! Es soll hell werden!« Und es wird hell. Gott sagt: »So ist es gut.«

Dann macht Gott Himmel und Erde. Unten die Erde, Wasser und festes Land. Darüber den Himmel, die Sonne, den Mond und viele Sterne.

Die Erde ist noch kahl und leer. Da lässt Gott Gras wachsen, frisch und grün, und Blumen, leuchtend und bunt. Sträucher und Bäume lässt er wachsen mit Beeren und Früchten. So gefällt es Gott.

Im Meer tummeln sich Heringe und kleine Krabben, der Wal und der Delfin. Fische schwimmen in Flüssen und Seen.

Schwalben und Störche fliegen hoch oben am Himmel.

Schafe fressen Gras auf der Wiese. Bären und Füchse wohnen im Wald und der Maulwurf gräbt seine Gänge unter der Erde. Sie alle und noch viele andere Tiere hat Gott gemacht. So kommt Leben auf die Erde. Gott hat seine Freude daran.

Zuletzt macht Gott Menschen, Männer und Frauen. Er sagt: »Ihr sollt Kinder haben. Ich will, dass viele Menschen auf der Erde leben. Die ganze Welt gehört euch. Passt gut darauf auf. Sorgt für die Tiere und für die Pflanzen, damit die Erde so schön bleibt wie am ersten Tag.«

Am siebten Tag ist Gott fertig mit allem, was er sich vorgenommen hat.

Nun ruht er sich aus.

Adam und Eva leben im Garten Eden

Erstes Buch Mose 2, 4 bis 3, 24

Der erste Mensch heißt Adam. Seine Frau heißt Eva. Sie wohnen im Garten Eden. Jedem Tier geben sie einen Namen.

Der Garten ist wunderschön. Leckere Früchte hängen an den Bäumen. Die Menschen haben alles, was sie brauchen. Gott schenkt es ihnen. Alle leben friedlich zusammen in dem Garten, Adam und Eva und die Tiere. Nur ein Tier ist boshaft und listig, die Schlange. Die Schlange sagt zu Eva: »Stimmt es, dass ihr von den Früchten im Garten nichts essen dürft?«

»Nein«, erwidert Eva, »natürlich dürfen wir davon essen. Nur nicht von dem Baum in der Mitte des Gartens. Das hat Gott verboten. Sonst müssen wir sterben.«

»Ach glaub doch das nicht«, entgegnet die Schlange. »Wenn ihr von dem Baum esst, gehen euch die Augen auf. Ihr werdet alles wissen und so klug sein wie Gott. Deshalb hat Gott euch verboten, davon zu essen.« Da pflückt Eva eine Frucht ab und beißt hinein. Dann gibt sie Adam davon. Adam beißt auch hinein.

Am Abend kommt Gott in den Garten. Adam und Eva haben ein schlechtes Gewissen. Sie verstecken sich im Gebüsch. »Warum versteckt ihr euch?«, ruft Gott. »Ach«, sagt Adam, »wir schämen uns. Wir sind ja nackt.«

»Wer hat euch das gesagt?«, fragt Gott. »Ich weiß schon, ihr habt von dem Baum in der Mitte des Gartens gegessen. Das ist verboten. Nun dürft ihr nicht länger in dem Garten bleiben.«

Gott macht Adam und Eva Kleider. Jetzt sind sie nicht mehr nackt. Aber sie dürfen nicht länger im Paradies bleiben. Gott stellt einen Engel vor die Tür. Der Engel hat ein Schwert. Er bewacht den Eingang und lässt niemanden in den Garten hinein.

KAIN ERSCHLÄGT ABEL

Erstes Buch Mose 4, 1–16

Adam und Eva bekommen Kinder, zwei Söhne. Der ältere heißt Kain, der jüngere Abel. Kain arbeitet auf dem Feld. Abel hütet Schafe und Ziegen.

Die Herden von Abel werden immer größer. Kains Acker ist steinig und hart. Der Boden ist trocken. Da wächst nicht viel. Beide Brüder opfern Gott. Abel opfert ein Lamm. Kain opfert von seinem Weizen. Kain denkt: »Gott hat Abel lieber als mich.« Grimmig schaut er zu Boden. Plötzlich nimmt er einen Stein. Er schlägt Abel tot.

Gott fragt: »Kain, wo ist dein Bruder?« »Das weiß ich nicht«, gibt Kain zurück. »Der kann doch auf sich selber aufpassen.« Gott ruft: »Was hast du getan? Das Blut deines Bruders schreit bis zum Himmel hinauf! Du musst fort von hier. Du musst fliehen dein Leben lang. Nirgends wirst du zu Hause sein. Das ist deine Strafe.« Kain weint. Er sagt: »Ich habe Angst. Man wird mich verfolgen. Niemand hilft mir.« Doch Gott verspricht ihm: »Auch auf der Flucht will ich dich beschützen.«

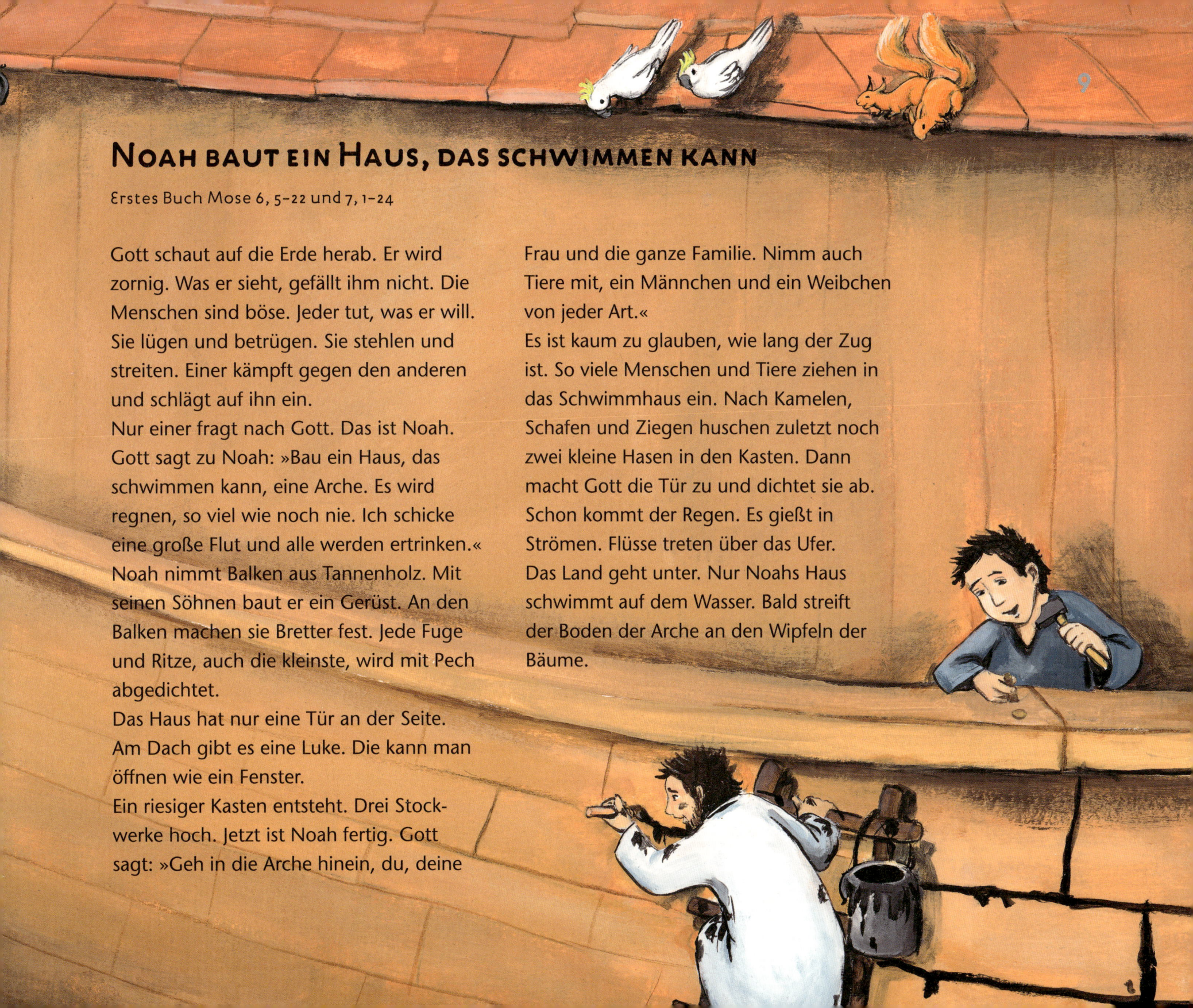

Noah baut ein Haus, das schwimmen kann

Erstes Buch Mose 6, 5–22 und 7, 1–24

Gott schaut auf die Erde herab. Er wird zornig. Was er sieht, gefällt ihm nicht. Die Menschen sind böse. Jeder tut, was er will. Sie lügen und betrügen. Sie stehlen und streiten. Einer kämpft gegen den anderen und schlägt auf ihn ein.

Nur einer fragt nach Gott. Das ist Noah. Gott sagt zu Noah: »Bau ein Haus, das schwimmen kann, eine Arche. Es wird regnen, so viel wie noch nie. Ich schicke eine große Flut und alle werden ertrinken.«

Noah nimmt Balken aus Tannenholz. Mit seinen Söhnen baut er ein Gerüst. An den Balken machen sie Bretter fest. Jede Fuge und Ritze, auch die kleinste, wird mit Pech abgedichtet.

Das Haus hat nur eine Tür an der Seite. Am Dach gibt es eine Luke. Die kann man öffnen wie ein Fenster.

Ein riesiger Kasten entsteht. Drei Stockwerke hoch. Jetzt ist Noah fertig. Gott sagt: »Geh in die Arche hinein, du, deine Frau und die ganze Familie. Nimm auch Tiere mit, ein Männchen und ein Weibchen von jeder Art.«

Es ist kaum zu glauben, wie lang der Zug ist. So viele Menschen und Tiere ziehen in das Schwimmhaus ein. Nach Kamelen, Schafen und Ziegen huschen zuletzt noch zwei kleine Hasen in den Kasten. Dann macht Gott die Tür zu und dichtet sie ab. Schon kommt der Regen. Es gießt in Strömen. Flüsse treten über das Ufer. Das Land geht unter. Nur Noahs Haus schwimmt auf dem Wasser. Bald streift der Boden der Arche an den Wipfeln der Bäume.

DER REGEN HÖRT AUF

Erstes Buch 8, 1–22 und 9, 8–17

Vierzig Tage und Nächte ist Noah in der Arche. Endlich hört der Regen auf. Noah wartet noch. Das viele Wasser muss abfließen. Das braucht Zeit.
Jetzt lässt Noah eine Taube aus der Dachluke fliegen. Die Taube kommt zurück. Sie findet keinen Baum, auf dem sie sitzen und ausruhen kann. Das Wasser ist noch zu hoch.
Noah wartet wieder.
Beim zweiten Versuch kommt die Taube mit dem Zweig von einem Olivenbaum im Schnabel zurück.
Beim dritten Mal kommt die Taube nicht mehr zurück. Noah weiß: ›Man kann wieder auf der Erde wohnen.‹

Er öffnet die Tür. Am Himmel steht ein Regenbogen, rot und grün und gelb und blau und violett. Der Regenbogen sieht aus wie ein leuchtendes Band zwischen Himmel und Erde.
Gott spricht zu Noah: »Ich will keine Flut mehr schicken, in der alles ertrinkt. Das verspreche ich dir und deinen Kindern. Wenn ich den Regenbogen sehe, denke ich an mein Versprechen. Auch wenn die Menschen Böses tun, soll die Erde erhalten bleiben. Solange die Erde besteht, wird es Sommer und Winter und Tag und Nacht geben. Jahr für Jahr werden die Menschen säen und ernten und auf der Erde wohnen.«

Ein Turm stürzt ein

Erstes Buch Mose 11, 1–9

Der Euphrat ist ein breiter Fluss. An seinem Ufer wohnen viele Menschen. Alle sprechen dieselbe Sprache. Einer schlägt vor: »Wir bauen eine Stadt.« »Ja«, ruft ein anderer, »und einen Turm, der bis an den Himmel reicht.« »Einen Turm und eine Treppe bis zum lieben Gott«, schreien Männer und Frauen voller Übermut. »Wir bauen den höchsten Turm der Welt. Alle werden über uns staunen. Und wir sind überall die Größten.«

Sie brennen Ziegel. Sie setzen Stein auf Stein. Mit Pech schmieren sie die Fugen zu. Tag für Tag wächst der Turm in die Höhe. Gott schaut den Menschen zu. Vom Himmel blickt er auf das Bauwerk herab. ›Die Menschen wollen hoch hinaus‹, denkt er bei sich. ›Sie wollen in den Himmel hinauf klettern. Das darf nicht sein. Am Ende machen sie alles, was sie wollen. Und niemand kann ihnen etwas verwehren.‹

›Ich werde ihre Sprache verwirren‹, beschließt Gott. ›Jeder soll eine andere Sprache sprechen. Dann können sie keine großen Pläne mehr miteinander machen.‹ So kommt es. Plötzlich versteht keiner, was der andere sagt. Man versteht nur bab, bab, bab – lauter dummes Zeug. Die Menschen laufen auseinander. Sie zerstreuen sich in alle Länder. Ihre Stadt wird später Babel genannt.

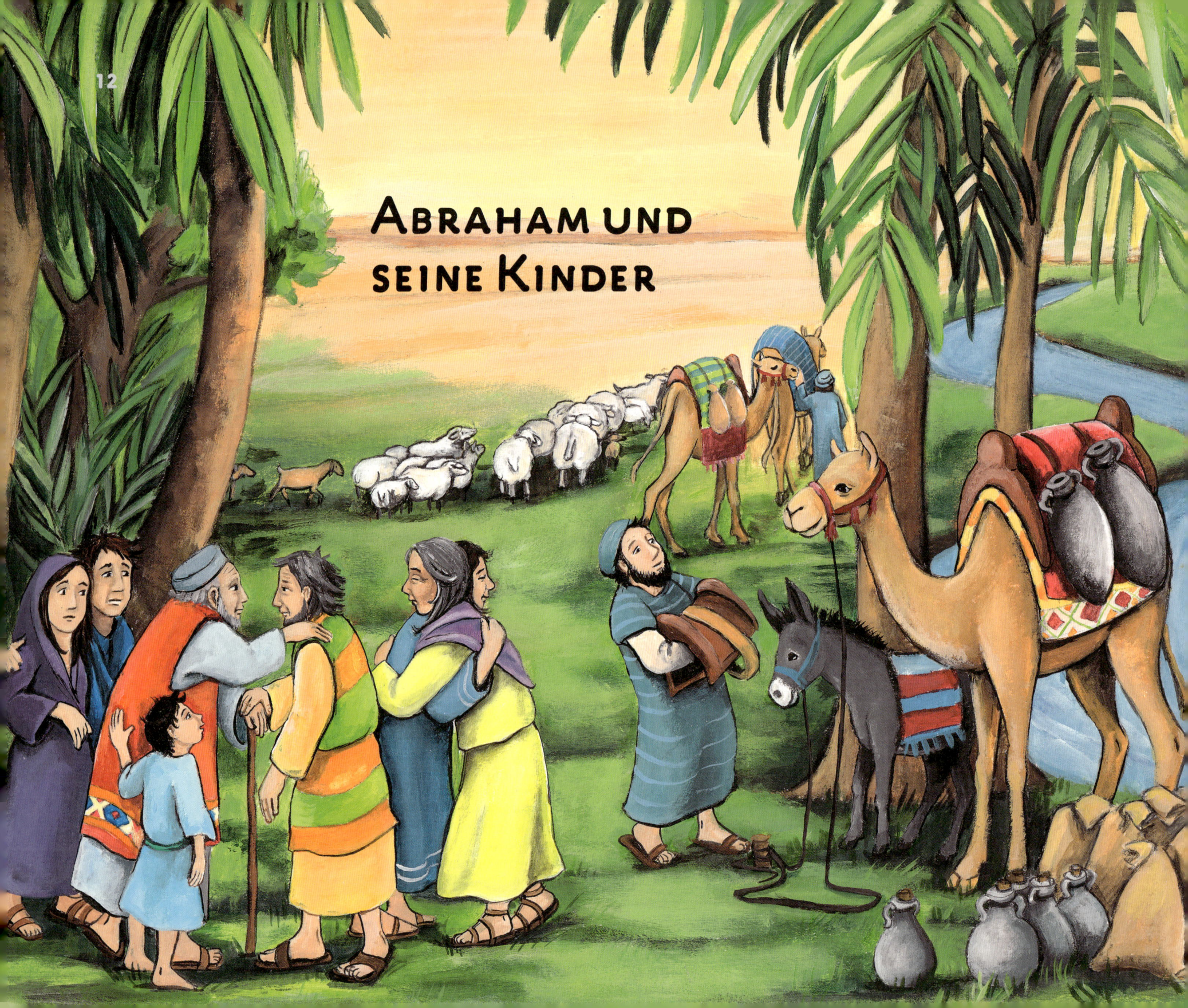

Abraham und seine Kinder

ABRAHAM UND SARA HÖREN AUF GOTT

Erstes Buch Mose 12, 1–4

Abraham hat schon weiße Haare. Auch Saras Haare werden langsam grau. Sara ist Abrahams Frau.

Sie leben in Haran an einem breiten Fluss. Am Ufer wächst saftiges Gras. Schafe weiden auf den Wiesen. Zwischen den Schafen stehen Esel. An Pflöcken sind Kamele angebunden. Sie dösen in der Sonne vor sich hin. Weiter entfernt vom Ufer sind Hügel zu sehen. Hier hört das Gras auf.

Es gibt nur Sand, Steine und niedriges Gestrüpp. Ziegen fressen die Blätter von den Zweigen.

Das alles gehört Abraham. Er steht am Fluss und denkt: ›Wie schön ist es hier. Hier bin ich zu Hause.‹

Da spricht Gott zu ihm: »Abraham! Zieh weg von Haran. Ich will dir ein anderes Land geben. Ich führe dich hin.«

Abraham gehorcht. Er gehorcht der Stimme Gottes. Er treibt die Schafe und Ziegen zusammen. Knechte und Mägde helfen ihm. Allein hätte er das nicht geschafft. Es sind zu viele Tiere.

Den Kamelen und Eseln werden schwere Säcke auf den Rücken gebunden. Säcke mit Mehl, Bohnen und Linsen. Dazu Körbe mit Kürbissen und Melonen. Honig und Gewürze werden eingepackt. An Gurten werden Krüge aus Ton mit Olivenöl befestigt. Zuletzt werden den Tieren noch prall gefüllte Wasserschläuche aufgeladen. Abraham und Sara geben ihren Eltern zum Abschied einen Kuss. Sie umarmen ihre Geschwister und die vielen Kinder von den Geschwistern. Es ist ein langer Abschied. Ein Abschied für immer.

Keiner kann die Sterne zählen

Erstes Buch Mose 12, 5–7 und 15, 2–6

Abraham und Sara sind viele Wochen unterwegs. Manchmal bleiben sie ein paar Tage am selben Ort. Die Tiere brauchen Zeit zum Fressen und zum Trinken. Und die müden Wanderer brauchen eine Ruhepause. Danach wird zusammengepackt. Die Reise geht weiter.

Schließlich kommen sie an eine Stadt mit festen Mauern. Das ist die Stadt Sichem. Unter einer Eiche vor der Mauer bauen sie ihre Zelte auf.

Da sagt Gott zu Abraham: »Du bist am Ziel. Ich schenke dir das Land. Schau dich um. Alles soll dir gehören, so weit du sehen kannst. Deine Kinder, deine Enkel und Urenkel werden hier wohnen.« Das Land heißt Kanaan. Und die Menschen in der Stadt Sichem sind die Kanaaniter.

Abraham baut einen Altar. Er betet: »Gott, ich danke dir. Du hast uns auf dem langen Weg behütet. Du hast mich reich gemacht.«

Doch in der Nacht kann Abraham nicht schlafen. ›Wer wird in dem großen Land wohnen? Sara und ich haben doch keine Kinder‹. Daran muss er immer denken. Er ist traurig.

Leise geht er vor das Zelt. Da hört er die Stimme Gottes: »Abraham, schau zum Himmel hinauf. Kannst du die Sterne zählen? Du kannst es nicht. Ich verspreche dir: Du wirst der Vater eines großen Volkes sein. Niemand wird deine Kinder zählen können.«

Abraham ist jetzt ganz ruhig. Er glaubt an das, was Gott ihm versprochen hat.

FÜR GOTT IST NICHTS UNMÖGLICH

Erstes Buch Mose 18, 1–15 und 21, 1–7

Nahe bei der Stadt Hebron ist ein kleiner Eichenwald. Der Ort heißt Mamre. Mamre liegt im Süden des Landes Kanaan. Hier wollen Abraham und Sara für immer wohnen. In Mamre ist Platz genug für sie, auch für Knechte und Mägde, für die Tiere und für die Zelte.

Die Sonne brennt vom Himmel. Abraham sitzt vor dem Zelt. Da sieht er drei Männer. Er geht ihnen entgegen und verbeugt sich. »Es ist heiß heute«, sagt er. »Kommt, ich lade euch ein. Ich freue mich, wenn ihr ein wenig bei mir ausruht.«

Im Schatten eines Baumes liegen Kissen und Schaffelle auf dem Boden. Die fremden Männer lassen sich nieder. Eine Magd bringt Wasser. Sie wäscht den müden Wanderern die Füße. Das Wasser tut ihnen gut.

Abraham bietet den Gästen Brot, Butter und Milch an. Einem Knecht ruft er zu: »Geh, schlachte ein Kalb.«

Sara ist im Zelt. Sie steht am Eingang. Da hört sie, wie draußen einer der Männer zu Abraham sagt: »In einem Jahr werdet ihr einen Sohn haben, du und Sara.« Sara muss lachen. »Ich mit meinen grauen Haaren. Das gibt es doch nicht.«

Wieder hört sie die Stimme des Fremden: »Warum lacht Sara? Sollte für Gott etwas unmöglich sein?«

Der Mann hatte recht. Nach einem Jahr bringt Sara ein Kind zur Welt. Einen Sohn. Sie nennen ihn Isaak. Abraham und Sara sind glücklich.

Abraham kauft ein Grab für Sara

Erstes Buch Mose 23, 1–20

Als Sara viele Jahre später stirbt, weint Abraham. Isaak fragt: »Wo wird meine Mutter begraben? Wir haben kein Familiengrab wie die anderen Leute hier in der Gegend.« Abraham geht nach Hebron. Am Eingang der Stadt ist eine Halle. Mächtige Pfeiler aus Stein tragen das Dach. Die Halle ist das Tor zur Stadt. An der Seitenwand sitzen Männer auf einer steinernen Bank. Auch sie sind traurig über Saras Tod.

»Ich habe kein Grab für meine Familie«, sagt Abraham. »Wer von euch kann mir einen Platz für ein Grab verkaufen?« Ein alter Mann antwortet: »Alle haben dich gern, dich und Sara und Isaak. Sara soll in einem von unseren Gräbern liegen.«

Abraham will aber ein eigenes Familiengrab. Eines, in dem er selbst einmal begraben werden kann. Und später auch Isaak und die Kinder von Isaak.

Da meldet sich Efron zu Wort. »Ich habe ein großes Feld mit Bäumen«, sagt Efron. »Am Rand des Feldes ist ein Felsen mit einer Höhle.«

»Ich kenne die Höhle«, entgegnet Abraham. »Heißt sie nicht Machpela? Machpela ist gut für ein Familiengrab.« Efron will Abraham das Feld schenken. Doch Abraham fragt: »Was ist das Grundstück wert?«

»400 Silberstücke«, antwortet Efron. Abraham gibt ihm das Geld. Er kauft das Feld mit allen Bäumen und mit der Höhle. Jetzt hat er ein eigenes Grab für seine Familie. Abraham und Isaak begraben Sara in Machpela.

ELIESER MACHT EINE WEITE REISE

Erstes Buch Mose 24, 1–28

Abraham spricht leise mit Elieser. Elieser ist sein ältester Knecht. Eigentlich gehört er schon zur Familie. Mit ihm kann Abraham auch Geheimnisse besprechen.

»Ich möchte, dass Isaak bald heiratet«, beginnt Abraham. »Aber keine Frau aus diesem Land. Die Leute hier beten nicht zu meinem Gott. Isaaks Frau soll aus meiner Heimat kommen. Ich will für ihn eine Frau aus meinem Volk.«

»Isaak soll aber nicht selbst die weite Reise machen«, fährt Abraham nach einer Pause fort. »Er ist mein einziger Sohn. Ich will ihn in meiner Nähe behalten.«

Dann fasst er den Knecht an beiden Schultern: »Du, Elieser, sollst für Isaak gehen. Ich vertraue dir. Du wirst die richtige Frau für ihn finden. Gott wird dir ein Zeichen geben.«

Elieser holt zehn Kamele von der Weide. Wasserschläuche, Körner und Früchte werden den Tieren auf den Rücken gebunden. Abraham gibt dem Knecht auch Gold, Silber und viele Geschenke mit. Dann bricht Elieser auf.

Endlich sieht er die Türme von Haran, der Heimat von Abraham. Am Brunnen vor dem Stadttor steigt er vom Kamel. Es wird Abend. Da kommt ein Mädchen aus der Stadt. Das Mädchen ist schön. Auf der Schulter trägt sie einen Krug. Sie schöpft Wasser aus dem Brunnen.

Elieser bittet sie um einen Schluck Wasser. Das Mädchen nimmt den Krug von der Schulter. Elieser trinkt. Er denkt: ›Wenn das Mädchen jetzt auch noch meinen Kamelen Wasser gibt, dann ist sie die richtige Frau für Isaak. Das soll das Zeichen sein.‹ Und schon öffnet sie den Mund und sagt: »Warte, ich will auch deinen Kamelen zu trinken geben.«

Das Mädchen heißt Rebekka. Elieser schenkt ihr einen schmalen Stirnreif, dazu zwei breite Armreifen. Der Schmuck ist aus reinem Gold. Rebekka geht schnell nach Hause und erzählt alles ihrer Mutter.

Isaak und Rebekka feiern Hochzeit

Erstes Buch Mose 24, 29–67 und 25, 8–11

Rebekka hat einen Bruder. Der heißt Laban. Seit Rebekkas Vater tot ist, ist Laban der Herr im Haus. Alle müssen tun, was er sagt. Laban geht selbst zum Brunnen hinaus. Er lädt Elieser in sein Haus ein. Doch bevor sie sich zum Essen setzen, berichtet Elieser: »Ich komme von Abraham. Abraham ist mein Herr. Ich soll für seinen Sohn Isaak eine Frau suchen. Deshalb bin ich hier. Bitte«, sagt er, »lasst Rebekka mit mir gehen. Sie ist die richtige Frau für Isaak. Gott hat mir ein Zeichen gegeben.«
»Gut«, antwortet Laban, »meine Schwester soll Isaak heiraten. Wenn Gott es so will, darf ich nicht Nein sagen.«

Elieser gibt Laban viele Geschenke. Rebekka und ihre Mutter bekommen kostbaren Schmuck. Schon am nächsten Morgen brechen Rebekka und Elieser auf.

Isaak kommt ihnen entgegen. Rebekka gefällt ihm. Er hat sie sehr lieb. Bald feiern sie Hochzeit.

»Wie hätte sich Abraham über Rebekka gefreut«, sagt Isaak zu Elieser. »Aber er ist gestorben, während du fort warst. Ich habe ihn in Machpela begraben. Er liegt jetzt im Grab neben Sara.«

REBEKKA BEKOMMT ZWILLINGE

Erstes Buch Mose 25, 20–34

Isaak und Rebekka haben zwei Söhne. Esau und Jakob. Esau wird zuerst geboren. Dann kommt Jakob.

Esau und Jakob sind Zwillinge. Und doch sind sie verschieden. Esau wächst ein richtiger Pelz auf den Armen und auf den Händen. Jakobs Haut ist glatt. Esau geht gern auf die Jagd. Jakob hütet die Schafe. Esau ist Papas Liebling. Jakob ist Mamas Liebling. Jakob kocht gern.

Esau hat ein Leibgericht. Er isst am liebsten Linsen.

Esau kommt hungrig von der Jagd nach Hause. Es riecht nach Linsen. Die hat Jakob gekocht. »Bruder, gib mir von deinen Linsen«, sagt Esau. »Ich habe einen Bärenhunger.«

»Gern«, antwortet Jakob, »aber ich will etwas dafür haben.«

»Was denn?«, fragt Esau.

»Du bist der Ältere von uns beiden«, erklärt Jakob. »Du bekommst vom Vater den Segen. Und alles, was dem Vater gehört, wird einmal dir gehören. Lass mir den Segen, Esau.«

Esau antwortet kurz: »Ich habe jetzt andere Sorgen als den Segen. Mein Magen knurrt.« Als Jakob noch zögert, fährt Esau ihn an: »Nun gib schon her, Bruder! Füll mir die Schüssel. Füll sie bis an den Rand.«

Isaak segnet Jakob

Erstes Buch Mose 27, 1–40

Esau hat die Geschichte mit den Linsen längst vergessen. Der Vater ruft ihn.

»Esau«, sagt er, »ich bin alt. Bald werde ich sterben. Heute will ich dich segnen. Aber vorher muss ich mich stärken. Geh und schieß einen jungen Hirsch. Mach mir einen zarten Braten.«

Rebekka hört heimlich zu. Sie ruft Jakob.

»Schnell«, sagt sie, »bring mir zwei Böcklein von der Weide. Ich bereite dem Vater ein leckeres Essen. Das bringst du ihm. Und wenn er satt ist, wird er dich segnen.«

Jakob erschrickt. »Mutter«, antwortet er, »der Vater sieht nichts mehr. Aber er fühlt mit den Fingern, dass ich nicht Esau bin.«

»Lass mich nur machen«, erwidert die Mutter.

Rebekka bäckt frisches Brot. Sie brät das Fleisch. Sie würzt den Braten kräftig. Sie hält ihrem Jüngsten Esaus Festtagshemd hin. »Zieh das an. Das riecht nach Esau.« Dann schneidet sie ein paar kleine Stücke aus dem Fell der Tiere. Die Felle macht sie auf Jakobs Armen und Händen fest.

Jakobs Herz klopft bis zum Hals. Er legt dem Vater ein Stück Braten auf den Teller. Den Becher füllt er mit Wein.

»Das hat gut geschmeckt«, sagt Isaak. Er streicht dem Sohn über Arme und Hände. »Seltsam«, murmelt er, »die Stimme klingt wie Jakobs Stimme. Aber die Haut fühlt sich an wie Esaus Haut. Bist du wirklich Esau?«, fragt er plötzlich. »Ganz gewiss, Vater«, antwortet Jakob.

»Ja, das riecht nach Feld und Wald«, stellt der blinde Vater fest. Er legt Jakob die rechte Hand auf den Kopf und spricht: »Mein Sohn, ich segne dich. Alle in der Familie sollen dir gehorchen. Gott wird dich reich und mächtig machen.«

Kaum ist Jakob weg, kommt Esau zurück. Isaak schreit entsetzt auf: »Ich habe den Falschen gesegnet.« Jetzt merkt Esau, dass ihn sein Bruder überlistet hat. Tränen laufen ihm über beide Wangen.

JAKOB TRÄUMT VON DER HIMMELSLEITER

Erstes Buch Mose 27, 41–45 und 28, 10–22

Esau ist sehr zornig. Jakob hat Angst. ›Esau wird sich an mir rächen‹, fürchtet Jakob.

»Geh nach Haran zu Laban«, rät die Mutter. »Laban ist mein Bruder. Bei ihm bist du sicher.« Als es dunkel ist, geht Jakob davon. Heimlich wie ein Dieb schleicht er an Esaus Zelt vorbei. Er läuft die ganze Nacht und den ganzen Tag. Spät abends fällt er erschöpft ins Gras und schläft ein.

Im Traum sieht Jakob eine Leiter. Die reicht von der Erde bis in den Himmel. Engel steigen auf der Leiter hoch und nieder. Ganz oben steht Gott.

»Ich bin der Herr, Abrahams und Isaaks Gott.« Die Stimme ist ganz nah an Jakobs Ohr. »Das Land, auf dem du liegst, will ich dir und deinen Kindern geben.« Deutlich hört Jakob die Worte: »Ich beschütze dich. Ich werde dich wieder hierher zurückbringen.«

Jakob erwacht. Er atmet auf: ›Gott hält zu mir. Er vergibt mir das Unrecht an meinem Bruder.‹ Da, wo Jakob geschlafen hat, liegt ein Stein. Er gießt Öl auf den Stein. »Dieser Stein gehört Gott«, sagt er feierlich. »Wenn ich in Frieden wieder heimkomme, werde ich hier einen Altar bauen.« Den Ort nennt er Bethel. Bethel heißt Gottes Haus. Jakob hat jetzt keine Angst mehr. Er zieht weiter und weiß: ›Gott ist bei mir.‹

Jakob kommt zu seinem Onkel Laban

Erstes Buch Mose 29, 1–14

Haran ist eine große Stadt. Vor dem Stadttor ist ein Brunnen. Jakob war noch nie hier. Doch er kennt den Ort sofort. Seine Mutter hat so oft davon erzählt. Hier hat sie Elieser zu trinken gegeben. Hier hat sie Eliesers Kamele mit Wasser versorgt.
Am Brunnen sind Hirten und Schafe. Auch ein junges Mädchen ist dabei. Die Hirten nennen sie Rahel. Jakob fragt Rahel: »Ich suche Laban. Kennst du ihn?« Das Mädchen schaut ihn mit großen Augen an und lacht. »Laban? Natürlich kenne ich den. Laban ist mein Vater.«
Sie führt Jakob zu ihrem Vater. Laban begrüßt den Wanderer freundlich. »Bleib ein paar Tage bei uns«, sagt er. Rahel und ihre Schwester bringen Datteln und Feigen, Brot, Wasser und Wein.
Die ältere Schwester heißt Lea. Rahel lacht fröhlich. Ihre dunklen Augen strahlen. Leas Blick ist ernst und streng. Ihre Augen sind matt. Jakob gefällt Rahel viel besser als Lea. Vom ersten Tag an hat er sie lieb.
Beim Essen erzählt Jakob von Rebekka und Isaak, der alt und blind ist. Er erzählt von Mamre und von der Höhle Machpela, wo Sara und Abraham begraben sind. »Dann bist du also der Sohn meiner Schwester«, ruft Laban erfreut. Er nimmt den Neffen in den Arm.

DER BRÄUTIGAM ERLEBT EINE BÖSE ÜBERRASCHUNG

Erstes Buch Mose 29, 14–35 und 30, 22–24

Jakob ist jetzt schon einen Monat bei seinem Onkel. Laban sagt: »Du kannst bei mir arbeiten. Was willst du als Lohn?« Jakob antwortet: »Ich will nur einen Lohn. Gib mir Rahel als Frau.« Laban ist einverstanden. »Sieben Jahre musst du bei mir arbeiten. Dann darfst du Rahel heiraten.« Die sieben Jahre vergehen für Jakob so schnell wie sieben Tage. Jeden Morgen wacht er fröhlich auf. Bei der Arbeit singt er ein Lied. So freut er sich auf die Hochzeit.

Dann kommt der große Tag. Laban hat viele Gäste eingeladen. Es wird gegessen und getrunken, gesungen und getanzt. Am Abend wird die Braut hereingeführt. Ein dichter Schleier verdeckt ihr Gesicht. Spät in der Nacht verabschieden sich die letzten Gäste. Endlich ist Jakob mit seiner Braut allein. Jetzt darf er ihr einen Kuss geben. Sie nimmt den Schleier ab. Jakob erschrickt. Die Braut ist nicht Rahel. Es ist Lea.

Am nächsten Morgen schimpft er mit Laban: »Wie konntest du mir das antun? Du hast mir Rahel versprochen. Du hast mich betrogen.« Laban entgegnet ruhig: »Was regst du dich auf? Bei uns wird immer zuerst die ältere Tochter verheiratet. Dann kommt die jüngere an die Reihe. Das ist sogar Vorschrift.«

Mit einem listigen Lächeln setzt er hinzu: »Du kannst Rahel dazubekommen. Viele Männer haben hier im Land zwei Frauen. Du arbeitest eben noch einmal sieben Jahre. Dann gehört auch Rahel dir.« Jakob willigt ein. Er kann sich nicht wehren.

Jakob und Lea haben Kinder. Zuerst Ruben, dann Simeon, Levi und Juda. Rahel hat lange kein Kind. Darüber ist sie sehr traurig. Aber endlich bekommt auch sie einen Sohn. Sie nennt ihn Josef.

LABAN SCHAUT VOLL NEID AUF JAKOBS HERDEN

Erstes Buch Mose 30, 25–43 und 31, 1–21

Unter Jakobs Händen gedeihen Schafe und Ziegen prächtig. Das merken alle, auch Laban. Seine Herden wachsen und wachsen. Deshalb will er Jakob als Hirten behalten. Er fragt ihn: »Wie viel willst du für deine Arbeit?«

Jakob macht einen Vorschlag: »Alle Schafe und Ziegen mit bunten Flecken und Punkten auf dem Fell sollen mir gehören. Die einfarbigen, die weißen und die braunen, behältst du.« Das gefällt Laban. Es gibt viel mehr einfarbige weiße und braune Tiere in der Herde.

Doch das wird bald anders. »Hat Jakob jemanden, der ihm hilft? Einen unsichtbaren Freund?«, fragen die Leute. Von einem Tag auf den anderen bringen Schafe und Ziegen fast nur noch bunte Junge zur Welt. Lämmer und Zicklein mit Flecken und Punkten.

Laban ärgert sich. Wenn Jakob kommt, schaut er mürrisch auf den Boden. Jakob denkt: ›Wer weiß, was er gegen mich vorhat. Ich muss hier weg.‹

Bald bietet sich eine gute Gelegenheit für die Flucht. Laban besucht seine Söhne. Er ist ein paar Tage fort. Jakob weiht Lea und Rahel in seinen Plan ein. Die beiden Frauen halten zu ihm. Sie nehmen die Kinder und brechen eilig auf. Natürlich nehmen sie auch die Tiere mit, die Jakob gehören.

Nur mit einem Wanderstock war Jakob vor vielen Jahren nach Haran gekommen. Jetzt zieht er davon mit riesengroßen Herden von Schafen und Ziegen, Rindern und Kamelen. Auch Knechte und Mägde sind dabei. Jakob ist ein reicher Mann geworden.

Ein Streit unter Brüdern geht zu Ende

Erstes Buch Mose 32, 4–22 und 33, 1–4 und 35, 16–20

Jakob will wieder nach Hause. Aber so richtig freuen kann er sich nicht. Ihn plagt das schlechte Gewissen. Er fürchtet sich vor dem Bruder.

Die Pausen auf dem Weg sind lang. Es dauert, bis alle Tiere gefressen haben. Plötzlich kommt Ruben, sein ältester Sohn, gerannt. Er zeigt mit dem Arm nach vorn auf eine Gruppe von Bäumen. »Dort lagern viele Reiter mit ihren Kamelen«, ruft er atemlos. »Und Waffen haben sie auch.« Jakob wird blass. Er weiß sofort: ›Das ist mein Bruder Esau.‹

Er ruft zehn Knechte. »Geht meinem Bruder entgegen. Nehmt Schafe und Ziegen, Rinder und Kamele mit«, befiehlt er. »Sagt ihm: ›Das alles gehört dir. Ein Geschenk von Jakob. Er will sich mit dir versöhnen. Er will Frieden.‹«

Bald stehen sich die beiden Brüder gegenüber. Jakob verneigt sich vor Esau. Da streckt Esau dem Bruder die Hand hin. Jakob ergreift die Hand. Dann fallen sich die Brüder um den Hals. Sie umarmen sich lange. Esau hat Jakob vergeben.

Jakob fällt ein Stein vom Herzen. Jetzt kann er in Frieden heimkommen. Esau reitet mit seinen Männern voraus. Jakob kommt langsam nach mit seinen Frauen und Kindern, Knechten und Mägden und mit den großen Herden.

In Bethel baut Jakob einen Altar zum Beten. Genau an dem Ort, an dem er im Traum die Himmelsleiter gesehen hat. Dann ziehen sie weiter. Es geht jetzt noch langsamer. Rahel erwartet ein Kind. Sie hat Schmerzen. Nahe bei Betlehem kommt das Kind zur Welt. Die Geburt ist schwer. So schwer, dass Rahel stirbt. Jakob weint, als er sie ins Grab legt.

Das Kind ist gesund. Der Vater nennt den Sohn Benjamin. Das heißt »Sohn des Glücks«.

An Rahels Grab richtet Jakob einen Stein zur Erinnerung an die Tote auf. Bis heute kann man in Betlehem Rahels Grab sehen.

Jakob und seine zwölf Söhne

Josef ist Vaters Liebling

Erstes Buch Mose 37, 1–11

Mit Benjamin hat Jakob zwölf Söhne. Doch Josef liebt er besonders. Josef hat große dunkle Augen wie Rahel, Jakobs Lieblingsfrau.

Josef ist jetzt 17 Jahre alt. Zum Geburtstag schenkt ihm der Vater ein besonders schönes Hemd. Das Hemd ist bunt und hat kräftige Farben. Es reicht bis zu den Knien. Der Stoff fühlt sich an wie feine Seide. Josef ist gekleidet wie ein Prinz.

Die Brüder sind neidisch. »Uns hat der Vater noch nie so ein Geschenk gemacht«, sagt Simeon zu Levi. Oft verrät Josef die älteren Geschwister beim Vater, wenn sie etwas angestellt haben. Die Brüder können Josef nicht leiden. Nur Benjamin liebt Josef und Josef liebt Benjamin.

Einmal erzählt Josef einen Traum. »Wir waren auf dem Feld, alle Brüder zusammen«, beginnt er. »Es war Erntezeit. Die Weizenhalme mit den schweren Ähren lagen abgemäht auf dem Boden. Wir haben sie zu Garben zusammengebunden. Und stellt euch vor, was jetzt passiert.« Die Brüder blicken böse, als Josef fortfährt. »Meine Garbe richtete sich auf. Eure Garben stellten sich im Kreis um meine Garbe. Und sie verneigten sich bis auf den Boden.«

»Habt ihr das gehört?«, rufen die Brüder empört. »Jetzt will er auch noch König über uns sein.« Grimmig ballen sie die Fäuste.

Am nächsten Morgen trauen die Brüder ihren Ohren nicht. »Hört, was ich heute Nacht geträumt habe«, ruft Josef wichtig. »Die Sonne, der Mond und elf Sterne haben sich tief vor mir verbeugt.« Da wird auch der Vater zornig. »Was glaubst du eigentlich«, fährt er Josef an, »sollen wir alle vor dir niederfallen, ich, die Mutter und deine Brüder?« Und doch muss Jakob noch lange über den Traum nachdenken.

Die Brüder verkaufen Josef für zwanzig Silberstücke

Erstes Buch Mose 37, 12–35

Jakobs Söhne suchen neue Weideplätze für die Schafe und Ziegen. Sie sind schon ein paar Tage von zu Hause fort. Da sagt Jakob: »Geh, Josef, schau nach deinen Brüdern. Sieh, ob es ihnen gut geht.« Josef macht sich sofort auf den Weg. Die Brüder erkennen ihn von Weitem. »Da kommt der Träumer«, tuscheln sie. »Natürlich hat er sein tolles Hemd an«, stößt Levi voller Groll hervor. Einer schlägt vor: »Wir bringen ihn um und verscharren ihn in einer Grube. Dann kann er uns nie mehr verpetzen.«

Ruben, der Älteste, hat einen anderen Plan. »Nein, Brüder«, sagt er. »Töten dürfen wir nicht. Hier ist ein tiefer Brunnen. Ein Brunnen ohne Wasser. Da werfen wir Josef hinein.« Heim-

lich denkt er: ›Heute Nacht hole ich ihn raus. Dann soll er fliehen.‹

Alle sind einverstanden. Sie packen Josef. Erst reißen sie ihm das Hemd vom Leib. Dann stoßen sie ihn in den Brunnen hinab. Am Mittag kommen Kaufleute mit schwer beladenen Kamelen. Juda hat eine Idee. »Wir verkaufen den Träumer«, ruft er. »Dann sind wir ihn los.«

Die Kaufleute bezahlen zwanzig Silberstücke. Bald sind sie nicht mehr zu sehen. Die Brüder schlachten einen Ziegenbock. In das Blut tauchen sie Josefs Hemd. Dann beauftragen sie einen Boten: »Bring das Hemd unserem Vater. Sag' ihm: ›Das haben deine Söhne zufällig gefunden. Kennst du das vielleicht?‹«

Jakob starrt auf das blutige und zerfetzte Hemd. Er schreit entsetzt: »Das gehört Josef. Ein wildes Tier hat ihn zerrissen!« Von diesem Tag an hat Jakob nie mehr gelacht.

Potifar bekommt einen neuen Sklaven

Erstes Buch Mose 39, 1–6

Die Kaufleute bringen Josef nach Ägypten.
Der Herrscher von Ägypten ist der Pharao.
Pharao ist der König. Alle müssen ihm ge-
horchen.
Potifar kommt gleich nach Pharao. Er ist
der höchste Beamte des Königs. Auch
Potifar müssen die Leute gehorchen. Er ist
der General von der Leibwache.
Potifar bezahlt den Händlern Geld für Josef.
Jetzt gehört Josef ihm. Josef ist Potifars
Sklave. Er muss im Haus und im Garten
arbeiten.
Josef ist fleißig. Alles gelingt ihm gut. Josef
spürt: ›Gott ist mit mir. Er hilft mir.‹ Potifar
sagt: »Josef, du bist mein bester Arbeiter.«
Er macht ihn zum Chef von allen Dienern
und Mägden im Haus. Nun braucht sich
Potifar um nichts mehr zu kümmern.
Josef sorgt für das Haus.

Josef muss ins Gefängnis

Erstes Buch Mose 39, 6–20

Josef ist ein schöner junger Mann. Er gefällt Potifars Frau. Sie verliebt sich in ihn. Sie sagt zu ihm: »Nimm mich ganz fest in deine Arme.« Doch Josef hört einfach nicht hin.

Einmal ist Potifar auf einer langen Reise. Seine Frau ruft Josef. Sie zieht ihn zu sich heran und flüstert: »Josef, gib mir einen Kuss.«

Josef wehrt sich. Er sagt: »Lass mich in Ruhe. Du bist Potifars Frau. Ich darf dich ihm nicht wegnehmen. Das hat Gott verboten.«

Er reißt sich los und rennt weg. Doch die Frau erwischt seinen Mantel. Sie ruft das ganze Haus zusammen. Sie zeigt allen Josefs Mantel und schreit: »Seht euch das an! Der Sklave aus dem Ausland hat sich in mein Zimmer geschlichen. Er will mich als Frau haben.«

Am Abend erzählt sie Potifar: »Josef ist frech zu mir geworden. Er will mich heiraten. Ich habe ihn fortgejagt.« Potifar lässt Josef ins Gefängnis werfen.

Josef erklärt seltsame Träume

Erstes Buch Mose 39, 21 bis 40, 23

Auch im Gefängnis ist Josef bei allen beliebt. Vor allem der Gefängnisdirektor hat ihn gern. Er sagt zu Josef: »Du kannst mir helfen. Alle im Gefängnis sollen tun, was du sagst.«

Unter den Gefangenen sind zwei hohe Beamte. Man wirft ihnen vor, sie hätten andere gegen Pharao aufgehetzt. Einer war Mundschenk. Er musste dem Pharao den Trinkbecher füllen. Der andere war der Oberste von Pharaos Bäckern.

Josef bringt ihnen jeden Morgen das Essen. Eines Tages sagt der Mundschenk: »Heute Nacht hatte ich einen seltsamen Traum. Wenn ich nur wüsste, was er bedeutet.«

Josef antwortet: »Erzähl mir doch deinen Traum.«

Der Mundschenk beginnt. »Ich sah einen Weinstock mit drei Reben. Die Trauben waren reif und schwer. Ich habe die Beeren zerdrückt und den Saft in einem Becher aufgefangen. Den Becher habe ich dem Pharao in die Hand gegeben.«

Josef erklärt: »Drei Reben bedeuten drei Tage. In drei Tagen bist du frei. Und du wirst den Pharao wie früher bedienen. Denk an mich. Sag deinem Herrn, dass ich unschuldig im Gefängnis bin.«

Auch der Oberbäcker hat geträumt. »Ich habe drei Körbe mit Schneckennudeln, Rosinenbrötchen und Honigkuchen gefüllt«, erzählt er. »Doch da kamen Vögel und haben alles aus den Körben herausgepickt.«

Josef macht ein ernstes Gesicht. »Auch bei dir stehen die drei Körbe für drei Tage. In drei Tagen wird man dich an den Galgen hängen.«

Drei Tage später hat der Pharao Geburtstag. Den Mundschenk spricht er frei. Doch der Bäcker muss sterben.

Pharao ruft Josef in den Palast

Erstes Buch Mose 41, 1–32 und 42

Der Mundschenk hat das Gefängnis schon fast vergessen. Und Josef hat er ganz vergessen. Aber eines Tages fällt ihm Josef wieder ein. Das kam so:

Beim Frühstück reicht er dem Pharao den Becher wie jeden Morgen. Aber der Pharao schiebt den Becher von sich. »Ich habe heute überhaupt keinen Durst«, brummt er verdrießlich. »Was plagt dich?«, fragt der Mundschenk. »Ich habe geträumt«, antwortet der Pharao. »Aber meine Herren Ratgeber wissen nicht, was der Traum bedeutet. Ich habe sie gerade alle fortgejagt.«

Da schlägt sich der Mundschenk mit der Hand an die Stirn. »Josef!«, ruft er. »Wie konnte ich ihn bloß vergessen!« Er berichtet dem Pharao mit einem ganz schlechten Gewissen von dem jungen Mann im Gefängnis, der die Träume so gut erklären konnte.

Sofort lässt Pharao Josef holen. »In meinem Traum«, so beginnt er, »habe ich sieben Kühe gesehen. Die waren wohlgenährt und hatten viel Milch. Doch plötzlich standen da sieben magere Kühe. Die mageren Kühe haben die fetten aufgefressen und sind klapperdürr geblieben wie zuvor.« Josef denkt nach. Dann erklärt er: »Großer Pharao, in dem Traum hat Gott dir eine wichtige Botschaft geschickt. Die sieben Kühe bedeuten sieben Jahre. Sieben Jahre wird es in Ägypten reiche Ernten geben. Danach kommen sieben magere Jahre. In den mageren Jahren wird kaum ein Halm auf den Feldern wachsen.«

Ein Leuchten geht über das Gesicht des Pharao. Was Josef sagt, gefällt ihm gut. Er lässt ihm einen teuren Anzug nähen. Von seinem Finger zieht er einen Ring und sagt zu Josef: »Den sollst du von jetzt an tragen.« Dazu schenkt er ihm noch eine kostbare Kette aus Gold.

JOSEF WIRD MINISTER

Erstes Buch Mose 41, 33–57

Der Pharao tut alles, was Josef vorschlägt. Josef gibt ihm den Rat: »Such dir einen Mann, der viel Verstand hat. Der soll in den guten Jahren einen großen Berg Getreide als Vorrat sammeln. Wenn dann die mageren Jahre kommen, wird genug da sein für alle.«

»So wird's gemacht«, ruft Pharao begeistert. »Du, Josef, übernimmst die Aufgabe. Niemand ist besser dafür geeignet. Denn ich sehe, dass Gott dir einen hellen Kopf gegeben hat. Von heute an bist du nach mir der zweite Mann in Ägypten. Alle sollen auf dich hören.«

Josef geht sofort an die Arbeit. Zuerst lässt er riesige Kornspeicher bauen. Dann diktiert er seinem Schreiber ein Gesetz, dem alle gehorchen müssen. In dem Gesetz wird bestimmt: »Jeder, der 10 Zentner Getreide erntet, muss 2 Zentner abliefern. Und wer 100 Zentner erntet, muss 20 Zentner abliefern.«

Die Vorräte in Ägypten wachsen von Jahr zu Jahr. Bald sind alle Speicher und Scheunen im Land voll mit Körnersäcken. Dann kommen die schlechten Jahre. Die Not im Land ist groß. Jetzt öffnet Josef die Vorratshäuser und alle Menschen können so viel Getreide kaufen, dass sie satt werden.

Jakobs Söhne reisen nach Ägypten

Erstes Buch Mose 42, 1–38

Nicht nur in Ägypten folgt eine Missernte auf die andere. Auch in den anderen Ländern ist der Hunger groß. Da sagt Jakob zu seinen Söhnen: »Ich höre, dass man in Ägypten Getreide kaufen kann. Also zieht los! Wartet nicht, bis wir alle verhungert sind. Nur Benjamin bleibt hier«, setzt er hinzu. »Ich will meinen Jüngsten nicht auch noch verlieren.«

Zu zehnt brechen die Brüder auf. In Ägypten führt man sie zu Josef. »Herr, wir wollen Getreide einkaufen«, beginnt Ruben, der Älteste. Sie erkennen Josef nicht. Aber Josef erkennt sie sofort.

»Was, Getreide wollt ihr kaufen«, herrscht er sie an. »Ihr lügt doch. Ihr seid Spione. Ihr wollt nur auskundschaften, wo ihr Körnersäcke stehlen könnt. Woher kommt ihr überhaupt und wer seid ihr?«

»Wir sind ehrliche Leute aus Kanaan«, erklären die Brüder. »Unser Vater heißt Jakob. Er hat

zwölf Söhne gehabt. Einer ist tot. Und den jüngsten wollte er nicht mit uns ziehen lassen.«

»Dann bringt euren Jüngsten her. Sonst glaube ich euch kein Wort«, sagt Josef streng. »Einer bleibt hier, bis ihr mit eurem Bruder wiederkommt.«

Vor den Augen der entsetzten Brüder lässt Josef Simeon einsperren. Die anderen schickt er nach Hause. Vorher lässt er aber noch Körnersäcke auf die Rücken von ihren Eseln packen.

In einem Gasthaus am Weg machen sie Rast. Da entdecken sie, dass oben auf den Säcken das Geld liegt, das sie bezahlt haben. Erschrocken rufen sie: »Man wird uns verhaften und einsperren!« Doch nichts geschieht. Sie kommen ungehindert mit ihrem Getreide nach Hause. Aber der Vater kann sich nicht freuen.

»Josef ist tot«, ruft Jakob verbittert. »Und jetzt wollt ihr mir auch noch Benjamin nehmen. Das kommt nicht infrage!«

Josef verzeiht seinen Brüdern

Erstes Buch Mose 43, 1 bis 45, 15

Schließlich muss Jakob doch nachgeben. Zu groß ist der Hunger im Land. Jakob lässt Benjamin mit den Brüdern ziehen. In Ägypten werden die Brüder wie die allerbesten Freunde aufgenommen. Der Tisch ist schon für sie gedeckt wie zu einem großen Fest. Die Esel bekommen frisches Futter. Diener eilen mit Wasserschüsseln herbei. Sie waschen den Männern nach der weiten Reise die Füße. Auch Simeon wird in den Saal geführt. Zuletzt kommt Josef. Er begrüßt die Gäste herzlich. Als er Benjamin sieht, kommen ihm die Tränen. Aber Josef will nicht, dass das jemand merkt. Er geht hinaus und wäscht sich das Gesicht. Ruben und Benjamin dürfen Josef gegenübersitzen. Und Benjamin bekommt am meisten zu essen. Nach dem Essen lässt Josef wieder Säcke mit Körnern abfüllen. Zu seinem Verwalter sagt er leise: »Leg das Geld wieder oben drauf. Und bei Benjamin steckst du noch meinen silbernen Trinkbecher dazu.«

Fröhlich ziehen die Brüder davon. Doch bald sehen sie hinter sich den Verwalter. Schon von Weitem ruft er: »Halt! Stehen bleiben, ihr Diebe! Ihr habt den silbernen Becher meines Herrn gestohlen.« Die Brüder schauen sich erschrocken an. Einer nach dem anderen öffnet seinen Getreidesack. Bei Benjamin wird der Becher gefunden. Wachen bringen die Brüder zu Josef zurück. Juda fällt vor ihm nieder. »Großer Herr«, stammelt er, »verschone unseren Jüngsten. Mach mich an seiner Stelle zu deinem Sklaven. Ich könnte den Schmerz meines Vaters nicht ertragen, wenn wir ohne Benjamin zurückkommen.« Jetzt kann Josef sein Geheimnis nicht länger für sich behalten. Er ruft: »Ich bin Josef, euer Bruder.« Er nimmt Benjamin fest in die Arme. Dann umarmt er alle nacheinander. »Ich bin euch nicht mehr böse«, sagt er dabei. »Ihr hattet Übles mit mir im Sinn. Aber Gott hat alles zum Guten gewendet.«

JAKOB KANN IN FRIEDEN STERBEN

Erstes Buch Mose 45, 25–28 und 46, 28–30 und 47, 28–30 und 50, 7–14

Als Jakob hört, dass Josef lebt, ruft er: »Ich will ihn sehen!« Vor dem Zelt wartet schon ein ägyptischer Reisewagen. Josef hat ihn den Brüdern mitgegeben, um den Vater zu holen.

Josef kommt dem Vater bis an die Grenze von Ägypten entgegen. Als er ihn sieht, fällt er ihm um den Hals. Beide weinen. Sie umarmen sich lange. Jakob sagt: »Ich freue mich so, dass ich dich wiederhabe. Jetzt kann ich in Frieden sterben.«

Siebzehn Jahre wohnt Jakob in Ägypten. Als sein Leben zu Ende geht, lässt er Josef an sein Bett kommen. »Versprich mir«, sagt er leise, »dass du mich in meiner Heimat begraben lässt.«

In einem langen Trauerzug wird Jakobs Sarg nach Mamre bei der Stadt Hebron gebracht. In Machpela, in der Felsenhöhle, in der Abraham und Sara, Isaak und Rebekka liegen, wird er begraben. Josef kehrt mit den Brüdern nach Ägypten zurück.

Mose führt Israel aus Ägypten heraus

Das Volk Israel erlebt schwere Zeiten

Zweites Buch Mose 1, 6–21

Jakobs Söhne haben große Familien in Ägypten. Sie haben Kinder, Enkel und Urenkel. Alle Familien zusammen sind ein großes Volk. Die Ägypter nennen sie Hebräer. Aber die Kinder von Jakob nennen sich selbst lieber Israeliten oder Volk Israel. Schließlich gibt es so viele Israeliten, dass die Ägypter Angst bekommen. Auf dem Thron regiert jetzt ein Pharao, der nichts mehr von Josef weiß. Er ruft Minister und Generäle zu einer geheimen Besprechung zusammen: »Die Hebräer sind gefährlich für uns«, beginnt er. »Wenn es einen Krieg gibt, kämpfen sie vielleicht mit den Feinden zusammen gegen uns. Das dürfen wir nicht zulassen.« Mit leiser Stimme fährt er fort: »Ich habe einen Plan. Die Hebräer müssen als Knechte für uns arbeiten. Wir setzen Aufseher ein, die sie keine Minute aus den Augen lassen.«
Damit beginnt eine harte Zeit für die Israeliten. Sie können sich kaum noch um ihre Schafe und Ziegen kümmern. Von früh bis spät müssen sie Ziegel für die Ägypter brennen und Steine für die Paläste und Vorratshäuser des Pharao schleppen. Aufseher stehen mit der Peitsche hinter ihnen. Aber der Pharao will noch härter vorgehen. Er lässt zwei hebräische Hebammen in seinen Palast kommen. Die eine heißt Schifra, die andere Pua. »Ich weiß«, sagt er, »dass ihr den hebräischen Frauen helft, wenn sie ein Kind zur Welt bringen. Hört mir gut zu«, fährt er die Hebammen an. »Wenn ihr seht, dass das Kind ein Junge ist, wird es getötet. Das ist mein Befehl. Verstanden!« Schifra und Pua denken nicht daran, dem bösen Befehl zu gehorchen. Sie nehmen ihren ganzen Mut zusammen und sagen: »Großer Pharao, die hebräischen Frauen brauchen gar keine Hilfe, wenn ein Kind kommt. Wenn wir in die Häuser kommen, sind die Kinder längst geboren.«

Die Prinzessin findet ein Körbchen im Schilf

Zweites Buch Mose 1, 22 und 2, 1–10

Pharao ist wütend auf Schifra und Pua. Er befiehlt seinen Soldaten: »Alle neugeborenen hebräischen Jungen werden in den Nil geworfen!«

Amram ist einer von den hebräischen Arbeitern. Seine Frau heißt Jochebed. Amram und Jochebed haben eine Tochter, Mirjam. Vor ein paar Tagen hat Mirjam auch noch ein Brüderchen bekommen. Amram und Jochebed haben Angst um den kleinen Sohn. Drei Monate können sie ihn verstecken. Aber das Kind hat eine kräftige Stimme. Manchmal schreit es laut. Die Mutter fürchtet, dass es entdeckt wird. Schnell macht sie ein Körbchen aus Schilfrohr. Die Rohre verklebt sie mit Harz und Pech. Vorsichtig legt sie den Säugling hinein. Dann trägt sie den Korb zum Nil. Sie versteckt ihn im Schilfgras, dort wo die Tochter von Pharao gern zum Baden geht. Mirjam bleibt in der Nähe. Sie passt auf den kleinen Bruder auf.

Pharaos Tochter findet das Versteck. Eine Dienerin bringt ihr das Körbchen. Da weint das Kind. Die Prinzessin nimmt es auf den Arm. Sie drückt es fest an sich. »Du musst nicht weinen«, sagt sie zärtlich.

Jetzt tritt Mirjam heran. Sie sagt: »Ich kenne eine Frau, die dem Kind Milch geben kann.«

»Bring den Kleinen zu der Frau«, befiehlt die Prinzessin.

So ist der Junge wieder bei seiner Mutter. Jochebed wickelt den Säugling und gibt ihm zu trinken. Als er zwei Jahre alt ist, bringt sie ihn in den Palast des Pharao. Hier wächst das Kind auf wie ein Prinz. Pharaos Tochter nennt ihn Mose.

MOSE FLIEHT IN DIE WÜSTE

Zweites Buch Mose 2, 11–21

Einige Jahre später ist Mose groß und erwachsen. Er geht oft zu den hebräischen Arbeitern und spricht mit ihnen.
Da sieht er, wie ein Aufseher einen Arbeiter mit der Peitsche verprügelt. Mose ist empört. Mit einem Stein trifft er den Ägypter am Kopf. Der fällt tot um. Mose vergräbt ihn im Sand. Scheu blickt er sich um. Hat ihn jemand gesehen?
Einen Tag später erlebt er, dass zwei von den Israeliten streiten. Der Stärkere schlägt den anderen mit der Faust ins Gesicht.
»Was tust du da? Der Mann gehört zu deinem Volk«, herrscht Mose den Angreifer an. Der zischt zwischen den Zähnen hervor: »Bist du ein Aufseher oder bist du unser Richter? Wer bist du überhaupt? Vielleicht willst du mich ja auch totschlagen wie gestern den Ägypter?«
›Also bin ich doch beobachtet worden‹, fährt es Mose durch den Kopf. ›Bald wird Pharao davon wissen.

Ich muss fliehen.‹ Schnell rennt er davon, bis er in eine Wüste kommt. Die Wüste gehört zum Land Midian.
An einem Brunnen ruht er aus. Er hört Schafe blöken. Die gehören dem Priester von Midian. Die Töchter des Priesters hüten die Schafe. Am Brunnen wollen sie die Tiere trinken lassen. Doch plötzlich kommen Hirten. Sie versuchen, die Mädchen zu vertreiben. Mose hilft den Mädchen, bis alle Schafe genug Wasser getrunken haben.
Zu Hause erzählen die Töchter dem Vater, wer ihnen geholfen hat. Der lädt Mose zum Essen ein. Mose darf auch bei den neuen Freunden wohnen. Nach einiger Zeit heiratet er eine Tochter des Priesters. Sie heißt Zippora.

GOTT SPRICHT AUS DEM BRENNENDEN DORNBUSCH

Zweites Buch Mose 3, 1–12

Zipporas Vater ist froh, dass jetzt ein starker junger Mann in der Familie ist. Mose hilft ihm und seinen Töchtern beim Hüten der Schafe.

Einmal kommt er mit seiner Herde zum Berg Horeb. Am Berghang sieht er einen Dornbusch. Aus dem Dornbusch lodern Flammen. ›Was ist das?‹, denkt Mose. ›Ich sehe das Feuer. Aber der Busch brennt nicht.‹ Er geht näher. Er will sich das Rätsel genauer anschauen.

Da hört er seinen Namen: »Mose!« Und noch einmal: »Mose!« Erschrocken schaut er sich um. Er antwortet: »Ja, hier bin ich.« »Komm nicht näher«, ruft die Stimme. »Du stehst ganz nah bei Gott.«

Mose wird blass. ›Kein Mensch darf Gott anschauen‹, fährt es ihm durch den Kopf. Er hält sich die Hand vor die Augen. Vom Dornbusch her hört er jetzt deutlich die Stimme: »Ich bin der Gott, zu dem Abraham, Isaak und Jakob gebetet haben. Der Gott des Volkes Israel.« Mose hält den Atem an. »Ich weiß, wie mein Volk in Ägypten gequält wird«, redet Gott weiter. »Ich höre die Israeliten klagen und weinen. Es ist genug. Ich will sie befreien. Ich bringe sie in ein Land, wo alle, Menschen und Tiere, genug zu essen haben. Du sollst sie in dieses Land führen.«

»Wer bin ich?«, stammelt Mose. »Die Leute werden nicht auf mich hören. Und Pharao ist viel größer und stärker als ich. Er wird seine Sklaven niemals mit mir ziehen lassen.« Darauf antwortet Gott: »Verlass dich auf mich. Ich helfe dir.«

43

PHARAO MUSS NACHGEBEN

Zweites Buch Mose 7, 26 bis 13, 22

Mose gehorcht. Er kehrt nach Ägypten zurück. Der alte Pharao ist tot. Auf dem Thron sitzt jetzt ein junger Pharao. Mose geht in den Palast. Sein Bruder Aaron begleitet ihn. Mose ist froh darüber, denn Aaron kann gut reden.

Sie erklären dem König: »Gott will, dass du die Hebräer freilässt.« »Kommt nicht infrage«, donnert der Pharao die beiden Männer an. »Wer soll denn dann meine Städte bauen?« Und er jagt sie hinaus. Doch Gott ist stärker als Pharao. Zuerst lässt er Frösche aus den Sümpfen kommen. So viele Frösche hat es in Ägypten noch nie gegeben. Sie werden zu einer großen Plage. Sie hüpfen und springen in die Häuser, in die Schlafkammern, auf die Betten. Ja sogar im Brotteig zappeln Frösche. Trotzdem ist Pharao nicht bereit, die Israeliten ziehen zu lassen. Da surrt und schwirrt es von Mückenschwärmen. Die stechen Menschen und Tiere. Danach fallen riesige Heuschrecken ins Land ein. Die Luft ist

schwarz von den gefräßigen Tieren. Im Nu fressen sie die Felder und Sträucher leer. Doch Pharao bleibt bei seinem Nein. Da schickt Gott einen Todesengel. In allen Häusern der Ägypter sterben Menschen. Nur die Israeliten bleiben verschont. Pharao lässt Mose und Aaron holen. »Fort, fort mit euch!«, ruft er verzweifelt. »Ich will keinen Hebräer mehr in meinem Land sehen!« Jetzt ist Pharao besiegt.

»Der Pharao lässt uns ziehen!« Schnell wie der Wind verbreitet sich diese Nachricht in den Häusern der Israeliten. Sie packen zusammen und nehmen alles mit, was ihnen gehört, auch die Tiere. Dann brechen sie auf.

Gott zeigt ihnen den Weg. Eine Wolke am Himmel geht ihnen voran. Bei Nacht leuchtet die Wolke wie Feuer. So können die Israeliten den Weg erkennen, auch wenn es dunkel ist.

Gott macht eine Strasse durchs Meer

Zweites Buch Mose 14, 1–31 und 15, 20.21

Der Pharao bereut bald, dass er die Israeliten fortgelassen hat. Er befiehlt den Soldaten: »Holt sie zurück!« Er schickt bewaffnete Männer und Kampfwagen los. Schon sind sie den Flüchtenden dicht auf den Fersen. Ihre Pferde sind schnell. Die Kampfwagen mit ihren zwei Rädern sind wendig und flink.

Die Israeliten merken, dass sie verfolgt werden. Angst bricht aus. Kinder weinen. Männer und Frauen schreien: »Fort! Fort! Wir müssen rasch weiter!« Aber ein breites Meer versperrt ihnen den Weg. Das Wasser schäumt und die Wellen sind hoch.

In der großen Aufregung klingt Moses Stimme ganz ruhig. »Habt keine Angst«, ruft er. »Gott selbst wird für uns kämpfen.«

Er hebt seine Hand hoch und streckt seinen Stab über das Wasser hin. Ein Sturm bricht los. Der treibt die Wellen zurück. Wie eine Wand türmt sich das Wasser auf. Und die Israeliten können durch das Meer wandern wie auf einer breiten Straße. Niemand wird auch nur ein bisschen nass.

Die Ägypter sehen, dass die Hebräer entkommen wollen. Sie stürmen hinterher. Noch steht die hohe Wasserwand. Da hört Mose die Stimme Gottes: »Streck deine Hand noch einmal über das Meer aus.« Mose tut es. Da legt sich der Wind so plötzlich, wie er gekommen ist. Das Wasser strömt zurück. Und die Ägypter auf ihren Kampfwagen gehen in den Fluten unter. Die Israeliten jubeln. Sie fassen sich an den Händen, sie tanzen und trommeln und singen: »Gott hat uns gerettet! Gott sei Dank!« Mirjam, die Schwester von Mose, schlägt die Trommel dazu.

HUNGER, DURST UND FEINDE BEDROHEN DIE FLÜCHTENDEN

Zweites Buch Mose 16, 1–15 und 17, 1–13

Das Land ist noch in weiter Ferne, in das Mose die Israeliten führen soll. Der Weg durch die Wüste ist lang. Es gibt wenig zu essen. Ein paar Männer fangen an zu schimpfen: »Wären wir nur in Ägypten geblieben. Bald sind wir verhungert.« Mose sagt: »Verlasst euch auf Gott. Er sorgt für euch.« Am nächsten Morgen finden Kinder kleine Tautröpfchen. Sie liegen überall. Wie durchsichtige Perlen sehen sie aus. Sie sind fest und schmecken süß. Die Erwachsenen sagen: »Das ist ja Brot vom Himmel.« Sie nennen das Himmelsbrot Manna.

Am Abend setzen sich dicke Wachteln am Lagerplatz nieder. Es ist gar nicht schwer, sie zu fangen. Das geht so jeden Tag. Morgens gibt es Manna und abends gebratene Wachteln.

In der Wüste ist es heiß. Alle stöhnen: »Wir haben solchen Durst.« Mose bittet Gott um Hilfe. Gott spricht: »Nimm deinen Stab und schlag an den Felsen, auf dem du stehst.« Mose gehorcht. Schon sprudelt Wasser aus dem Felsen wie aus einer Quelle.

Es gibt auch gefährliche Feinde. Die Amalekiter, die in der Wüste wohnen, wollen die Fremden aus ihrem Gebiet verjagen. Es kommt zum Kampf. Die Amalekiter sind stärker.

Da lässt Gott Mose auf einen Hügel treten. »Heb deinen Stab hoch«, spricht er. Sobald Mose den Stab in die Höhe hält, gewinnen die Israeliten. Lässt er die Arme sinken, werden sie zurückgedrängt.

Doch Mose wird müde. Die Arme werden schwer. Er setzt sich auf einen Stein. Zwei Männer stellen sich rechts und links neben ihn und stützen seine Arme. So kann er sie bis zum Abend oben halten. Dann haben die Israeliten gesiegt.

Mose steigt auf den Berg Horeb

Zweites Buch Mose 19, 1–20 und 31, 18

Nach drei Monaten kommt Mose mit dem Volk Israel zur Wüste Sinai. Ein hohes Gebirge türmt sich vor ihnen auf. Ein Berg ragt heraus. Das ist der Berg Horeb. Mose kennt den Berg. Er erkennt den Busch wieder. ›Aus diesem Busch hat Gott zu mir geredet‹, erinnert er sich. ›Hier hat Gott mir den Auftrag gegeben, die Israeliten aus Ägypten zu führen.‹
Die Männer spannen Zeltbahnen aus und machen sie an Stäben fest. Die Frauen rollen Matten aus. Sie legen Decken zurecht. Die Kinder sind müde von der langen Wanderung.
Mose steigt allein auf den Berg. Er bleibt vierzig Tage lang fort. In dieser langen Zeit ist sein Bruder Aaron der Anführer. Dicke Rauchwolken hüllen den Berggipfel ein wie bei einem Vulkan. In der Luft schwingt ein lang gezogener Ton. Es klingt wie eine Posaune. Ganz oben wartet Gott auf Mose. Gott gibt ihm zwei Tafeln aus Stein. Auf den Tafeln stehen die Zehn Gebote.

DIE ZEHN GEBOTE

Zweites Buch Mose 20, 1–17

Ich bin der Herr, dein Gott.
Vertraue nicht auf andere Götter.

Mach dir kein Götterbild, um es anzubeten.

Du kennst mich. Du darfst mit mir reden und zu mir beten.

Der siebte Tag der Woche ist der Tag für den Gottesdienst.
Da sollst du nicht arbeiten.

Sorge für Vater und Mutter, wenn sie alt sind und Hilfe brauchen.

Niemand darf einen anderen Menschen töten.

Kein Mann darf dem anderen die Frau wegnehmen.
Keine Frau darf der anderen den Mann wegnehmen.

Du sollst nicht stehlen.

Du sollst nicht lügen.

Lass den Neid nicht
in dein Herz hinein.

Die Israeliten tanzen um das goldene Kalb

Zweites Buch Mose 32, 1–24 und 34, 1

Männer und Frauen kommen zu Aaron. Sie sagen: »Mose ist schon so lange fort. Der kommt bestimmt nicht wieder. Und wer weiß, wo sein Gott ist?«
Einer hat eine Idee. »Aaron«, sagt er, »mach du uns einen Gott. Der soll uns führen.« Alle finden den Vorschlag gut.
Aaron lässt sich Ohrringe, Armreifen und Halsketten geben. Alles, was aus Gold ist, sammelt er ein. Er schmilzt das Gold und formt daraus einen kleinen Stier.
Das Volk jubelt. »Schaut her«, rufen sie, »das ist jetzt unser Gott. Ein Gott, den man sehen und anfassen kann.« Sie hüpfen und tanzen um den goldenen Stier.
Mose hört den Gesang und die Trommeln schon weit oben auf dem Berg. Er steigt langsam herab. Die steinernen Tafeln in seinen Armen sind schwer.
Er riecht den Rauch von einem Opferfeuer. Jetzt sieht er auch den goldenen Stier. Und er sieht die Menschen, die den Stier anbeten wie einen Gott.

Da packt ihn die Wut. Er wirft die beiden Steintafeln auf den Boden. Sie zerbrechen mit einem lauten Krach.
Empört fährt er seinen Bruder Aaron an: »Gott hat uns aus Ägypten geführt und ihr tanzt vor einem Götterbild. Wie konntest du das zulassen?« Aaron gibt kleinlaut zur Antwort: »Ich bin nicht schuld. Die Leute haben mich so sehr bedrängt. Da habe ich nachgegeben.«
Mose stößt das Stierbild um. Er wirft es ins Feuer. Das Gold fließt als dünnes Rinnsal davon.
Moses Zorn ist noch immer groß. Aber schließlich betet er doch zu Gott: »Herr, vergib dem Volk die schwere Sünde. Bleib weiter mit uns auf dem Weg. Und führe uns ans Ziel, wie du es versprochen hast.«
Gott erhört das Gebet. Er lässt Mose neue Tafeln aus Stein für die Zehn Gebote hauen.

MOSE SENDET KUNDSCHAFTER AUS

Viertes Buch Mose 13, 1–33

Mose wird von einer Kinderschar umringt. »Wie weit ist es noch in das Land, in das du uns führst«, will einer wissen.
Ein Mädchen fragt: »Weißt du, wie es dort aussieht? Wohnen die Menschen in Zelten oder in richtigen Häusern?«
»Gibt es dort Bäume?«, ruft ein kleiner Knirps.
»Und was gibt es dort zu essen?«, fragt ein Junge mit dicken Backen.
Mose antwortet: »Ich war doch auch noch nicht dort. Aber wisst ihr was, wir schicken Kundschafter voraus. Die können uns dann alles ganz genau erzählen.«
Schon am nächsten Morgen ziehen ein paar Männer los. »Schaut euch überall um«, sagt Mose. »Und bringt auch etwas von den Früchten mit, die dort wachsen.«
Nach sechs Wochen sind die Kundschafter zurück. Es ist Herbst. An einer Stange haben sie eine schwere Weintraube aufgehängt. Zwei Männer tragen die Stange auf der Schulter. In einem Korb liegen

rote Granatäpfel und zuckersüße Feigen. »Ihr könnt euch nicht vorstellen, was in dem Land alles wächst«, berichten die Männer begeistert.
»Und was für Menschen leben dort«, fragt einer. Die Kundschafter machen ernste Gesichter. »Die Menschen sind groß und kräftig«, erzählen sie. »Die reinsten Riesen. Wir kamen uns wie Heuschrecken neben ihnen vor.«
Viele bekommen Angst. »Sollten wir nicht lieber umkehren«, fragen sie mutlos. Aber Kaleb, einer von den Kundschaftern, beruhigt sie: »Gott ist mit uns. Ihr braucht euch nicht zu fürchten.«

Kein Mensch kennt Moses Grab

Fünftes Buch Mose 31, 14.23 und 34, 1–6

Vierzig Jahre ist das Volk schon unterwegs in der Wüste. Mose ist inzwischen sehr alt. Er weiß schon lange, dass nur einer als Nachfolger für ihn infrage kommt: Josua. Mose ruft Josua. »Ich werde nicht mehr lange leben«, sagt er zu ihm. »Wenn ich gestorben bin, sollst du das Volk führen.« Feierlich setzt er hinzu: »Sei mutig und ohne Furcht. Gott wird mit dir sein. Du sollst die Israeliten in das Land führen, das Gott uns versprochen hat.«

Am Abend steigt Mose allein auf einen Berg. Der Berg heißt Nebo. Vom Gipfel des Berges aus zeigt Gott ihm ein weites schönes Land. Mose sieht das hohe Wüstenge-birge. Er sieht sanfte Hügel und dichte Wälder. Er sieht die Stadt Jericho mit ihren grünen Palmen. Er sieht den Jordanfluss, der sich langsam zum Toten Meer hin schlängelt.

Gott sagt zu Mose: »Das ist das Land, in dem Abraham, Isaak und Jakob gewohnt haben. In dieses Land will ich mein Volk zurückführen.«

Mose kehrt nicht von dem Berg zurück. Kein Mensch hat ihn mehr gesehen. Ein paar von den Alten in Israel sagen: »Gott selber hat ihn auf dem Berg begraben.« Bis heute weiß niemand, wo das Grab von Mose ist.

Vier Priester tragen die Bundeslade über den Jordan

Buch Josua 3, 1–17 und 4, 1–24

Josua kommt bald zu einem Fluss, der Jordan heißt. Er schickt seine Helfer durch das Lager. »Heute geht es über den Jordan«, rufen sie laut. »Stellt euch in einer langen Reihe auf.«

Ein Zwölfjähriger sagt: »Aber da ist ja gar keine Brücke.« Josua legt ihm die Hand auf die Schulter. »Du wirst sehen«, erwidert er ruhig, »Gott wird uns einen Weg zeigen.« Die Priester stellen sich ganz vorn auf. Sie tragen einen schweren Kasten aus Holz. An den vier Ecken sind Ringe. Durch die Ringe haben sie Stangen geschoben. Vier Priester tragen die Stangen auf ihren Schultern. Der Kasten glänzt. Deckel, Wände und Boden sind mit Gold überzogen. Oben auf dem Deckel sind zwei geschnitzte Engel zu sehen. Die Israeliten nennen den Kasten Bundeslade. In der Bundeslade liegen die Tafeln mit den Zehn Geboten.

Die Priester gehen mit der Bundeslade zum Jordan. Das Wasser strömt und rauscht. Es tritt schon über die Ufer. Die Priester steigen in den Fluss hinein. Da bleibt das Wasser stehen. Es türmt sich auf wie eine Wand. Große und Kleine können durch das Flussbett gehen. Alle kommen trocken auf die andere Seite. Zuletzt steigen auch die Priester ans Ufer. Und das Wasser strömt und rauscht wieder. Es ist alles wie vorher. Starke Männer holen zwölf große Steine aus dem Fluss herauf. Die Steine werden feierlich aufgestellt. »Jetzt sind wir in dem Land, das Gott uns versprochen hat«, ruft Josua. »Die Steine sind ein Zeichen zur Erinnerung, dass Gott uns hier durch den Jordan geführt hat.«

Rahab versteckt zwei Kundschafter

Buch Josua 2, 1–24

Die Freude am Jordan ist kurz, denn der Weg in das Land hinein ist versperrt. Es gibt nur eine Straße und die führt durch die Stadt Jericho. Jericho hat dicke Mauern und Tore mit schweren Riegeln. »Freiwillig werden die Menschen uns nicht durchziehen lassen«, sagt ein brummiger Mann. Josua sucht zwei junge Leute aus. »Schleicht euch heimlich in die Stadt hinein und schaut euch um«, sagt er. »Schaut euch die Riegel der Stadttore an. Macht die Ohren auf. Hört, ob die Menschen in der Stadt gegen uns kämpfen wollen. Aber passt auf. Niemand darf merken, dass ihr zu uns gehört.«

Bald haben die beiden genug gesehen und gehört. Sie kommen an ein Haus nah an der Stadtmauer. Das Haus gehört einer Frau. Die heißt Rahab. Sie klopfen an die Tür. ›Keiner hat uns bemerkt‹, denken sie.

Aber sie haben sich getäuscht. Ein Nachbar hat aufgepasst. »Das sind bestimmt Ausländer«, sagt er und meldet es im Palast des Königs.

Rahab erkennt sofort, dass die Gäste Israeliten sind. Sie flüstert leise: »Alle haben Angst vor euch. Man weiß, dass ihr stark seid, weil Gott euch hilft.«

Auf dem Dachboden liegen Flachsbüschel zum Trocknen. Ein gutes Versteck für die Spione. Als Soldaten an Rahabs Tür klopfen, erklärt sie: »Die Fremden sind schon längst weg. Ihr müsst euch beeilen, wenn ihr sie noch finden wollt.«

In der Nacht lässt Rahab die Männer an einem roten Seil die Stadtmauer hinunterklettern. »Lass das rote Seil an deinem Fenster hängen«, sagen die beiden zum Abschied. »Das ist ein Zeichen, wenn wir die Stadt erobern. Dann wird dein Haus verschont. Und alle, die bei dir wohnen, sind sicher.«

Die Mauern von Jericho stürzen ein

Buch Josua 6, 1–25

Gott spricht zu Josua: »Die Leute in Jericho können euch nicht aufhalten. Ich bin auf eurer Seite.«

Josua lässt alle antreten. An der Spitze gehen die Männer mit ihren Waffen. Dann folgen die Priester. Vier tragen die Bundeslade. Sieben haben eine Posaune in der Hand. Nach den Priestern kommen die anderen, Junge und Alte.

So ziehen sie einmal rund um die Stadt. Niemand darf ein Wort reden. Das hat Josua verboten. Nur ab und zu hört man ein Signal von den Posaunen.

Am zweiten Tag ziehen sie wieder um die Stadt. Nur einmal. Und genauso am dritten, vierten, fünften und sechsten Tag. Am siebten Tag ziehen sie sechsmal nacheinander um die Stadt. Und beim siebten Mal geschieht es dann. Auf den Befehl von Josua blasen die Priester laut in die Posaunen. Das Volk macht ein Riesengeschrei dazu wie bei einem Kampf.

Da stürzt die dicke Stadtmauer ein wie eine Mauer aus Bauklötzen. Josua weiß, dass Gottes Hand dabei im Spiel ist. Von allen Seiten dringen die Israeliten in die Stadt ein.

Schon brennen die Häuser. Nur das Haus von Rahab wird verschont. Rahab und ihre Familie, ihr Vater, ihre Mutter und ihre Geschwister werden gerettet. Bald wohnen die Israeliten im ganzen Land. Sie wohnen nahe beim Meer und auf den Hügeln mit Wiesen und Bäumen. Sie wohnen am See Genezareth und tief im Süden, wo die Wüste beginnt.

Das Volk Israel wählt einen König

HANNA WÜNSCHT SICH EIN KIND

Erstes Buch Samuel 1, 1–28

Ein Mann aus Israel geht jedes Jahr nach Silo in den Tempel. Dort opfert er ein Lamm oder ein Schaf. Er hat zwei Frauen: Hanna und Peninna. Peninna hat Kinder. Hanna hat keine Kinder.
Peninna fühlt sich groß gegenüber Hanna. Oft spottet sie und zeigt mit dem Finger auf Hanna: »Du wirst nie eine Mama.« Dann weint Hanna.
Hanna geht in den Tempel und betet: »Lieber Gott, ich bin so traurig. Schenk mir doch auch ein Kind. Wenn es ein Sohn wird, bringe ich ihn hierher in den Tempel. Er soll dein Diener sein.« Sie betet leise. Nur ihre Lippen bewegen sich.
Der Priester Eli sitzt auf einem Stuhl am Türpfosten. ›Eine seltsame Frau‹, denkt er. ›Sie bewegt immer den Mund, aber man hört kein Wort.‹ Er geht zu Hanna hin und

fährt sie streng an: »Du bist wohl betrunken? Verschwinde aus dem Tempel.«
Hanna weint noch mehr. »Ach, Herr«, antwortet sie, »ich habe keinen einzigen Schluck Wein getrunken. Ich bete, weil ich so einen großen Kummer habe.« Da sagt Eli freundlich: »Geh ruhig nach Hause. Gott hat dein Gebet erhört.«
Nach einem Jahr bekommt Hanna einen Sohn. Die Eltern nennen ihn Samuel. Als Samuel ein großer Junge ist, bringen sie ihn zu Eli. »Er soll Priester werden«, erklärt Hanna. »Er soll alles bei dir lernen, was ein Priester im Tempel tun muss.« Vater und Mutter besuchen Samuel jedes Jahr in Silo.
Samuel wird bald der wichtigste Mann in Israel. Alle kommen zu ihm und fragen ihn um Rat.

SAUL WIRD KÖNIG IN ISRAEL

Erstes Buch Samuel 8, 1 bis 11, 15

Als Samuel alt ist, versammeln sich die Männer in Israel und beraten, wer nach Samuel ihr Führer sein soll. Schnell sind sie sich einig: »Wir brauchen einen König wie die anderen Völker. Samuel soll uns einen König suchen.«

Samuel gefällt das nicht. Er denkt: ›Wir brauchen doch keinen König. Unser König ist Gott‹. Aber Gott spricht zu ihm: »Tu, was das Volk will. Gib ihm einen König.«

Bald hat Samuel den richtigen Mann gefunden. Er heißt Saul. Saul ist jung und stark. Er ist einen Kopf größer als die anderen. Zu Hause hilft er auf dem Feld und bei den Tieren.

Eines Tages sind Eselinnen entlaufen. »Geh und such die Tiere«, sagt Sauls Vater. Mit einem Knecht zieht Saul los. Vergeblich suchen sie in den Bergen und im Wald.

»Wir kehren um«, sagt Saul zu dem Knecht. »Mein Vater wird sich bald mehr um uns sorgen als um die Tiere.« Aber der Knecht meint: »Ich kenne hier einen berühmten Mann. Wenn der etwas sagt, trifft es auch ein. Der kann uns vielleicht den Weg zeigen.«

So kommen die beiden zu Samuel. Der sagt: »Die Esel sind schon gefunden. Aber ihr könnt bei mir essen und übernachten.« Am nächsten Morgen begleitet Samuel seine Gäste noch ein Stück. Der Knecht geht voraus. Samuel spricht zu Saul: »Gott will, dass du König in Israel wirst.« Mit Salböl aus dem Tempel macht er ein Zeichen auf Sauls Stirn. Er sagt: »Das Zeichen bedeutet, dass Gott dich auserwählt hat.«

In dieser Zeit hat Israel auch Feinde. Die Ammoniter greifen eine Stadt in Israel an. Saul zieht gegen die Angreifer in den Krieg. Viele Männer folgen ihm.

Bald sind die Gegner vertrieben.

Sie müssen fliehen. Überall ertönt lauter Jubel: »Saul ist unser König! Saul ist unser König!«

Saul hört nicht auf Gott

Erstes Buch Samuel 15, 1–23

Samuel sagt zu Saul: »Die Amalekiter sind grausam und rücksichtslos gegen schwache und wehrlose Menschen. Deshalb sollst du gegen die Amalekiter kämpfen. Gott will sie bestrafen.« Und er fügt hinzu: »Hör mir genau zu! Gott straft die Amalekiter für ihre bösen Taten. Du bist nur sein Arm. Deshalb darfst du mit deinen Leuten auch keine Beute machen. Ihr dürft nichts für euch behalten. Alles muss verbrannt werden wie das Opfer auf dem Altar.« Saul zieht mit einem großen Heer in den Kampf. Er stellt den Feinden eine Falle. Er versteckt seine Leute auf beiden Seiten in einem tief eingeschnittenen Tal. Die Amalekiter marschieren durch das Tal. Plötzlich fällt Saul mit seinen Kriegern über sie her. Er verfolgt sie bis an die Grenze von Ägypten. Seinen Hauptleuten befiehlt Saul: »Alles, was euch in die Hände fällt, wird verbrannt.«

Aber die Männer antworten: »Das wäre doch schade. Wir haben so viele wertvolle Sachen erbeutet.« Da gibt der König nach. Sie beschließen gemeinsam: »Was wertlos ist, wird verbrannt. Aber die besseren Stücke behalten wir und nehmen sie mit.« Schwer bepackt kehren sie mit ihrer Beute nach Hause zurück. Samuel kommt ihnen entgegen. Er erkennt sofort, was geschehen ist. Streng fährt er Saul an: »Die Habgier von dir und deinen Männern ist größer als die Furcht vor Gott. Du hast Gott nicht gehorcht. Jetzt wird sich Gott auch von dir abwenden.«

DAVID HÜTET DIE SCHAFE

Erstes Buch Samuel 16, 1–13

Gott spricht zu Samuel: »Geh nach Betlehem. Dort findest du den, der nach Saul König wird. Ich habe einen von den Söhnen Isais ausgewählt.«

Samuel macht sich auf den Weg. Er steckt das ausgehöhlte Horn eines Widders in seinen Mantel. Das Horn ist mit Öl gefüllt. In Betlehem wird ein Opferfest gefeiert. Samuel sitzt am Tisch neben Isai. Isai hat acht Söhne. Samuel sagt zu ihm: »Ich will deine Söhne sehen.«

Isai ruft den ältesten, einen großen kräftigen Mann. ›Der muss es sein‹, denkt Samuel. Aber Gott spricht: »Samuel, du siehst, was deine Augen sehen. Aber ich sehe mir das Herz der Menschen an. Der ist es nicht.«

Der nächste Sohn ist es auch nicht. Bis zum siebten Sohn bekommt Samuel kein Zeichen von Gott. »Hast du nicht noch einen Sohn?«, fragt Samuel. »Doch«, antwortet Isai, »David, den jüngsten und den kleinsten. Der ist bei den Schafen draußen auf der Weide.« Er lässt ihn holen.

Davids Haut ist braun gebrannt von der Sonne. Seine Augen strahlen. Und Gott spricht zu Samuel: »David habe ich ausgewählt. Der soll einmal König in Israel werden.«

Samuel nimmt das Horn mit Salböl. Er macht ein Zeichen auf Davids Stirn. Aber außer ihm weiß niemand am Tisch, was das Zeichen bedeutet.

EIN BÖSER GEIST QUÄLT SAUL

Erstes Buch Samuel 16, 14–23

Saul geht es schlecht. Er ist traurig. Düster starrt er vor sich hin. Er hat Angst, seit Gott sich von ihm abgewendet hat.

Ein alter Diener sagt: »Dich quält ein böser Geist. Wir könnten jemanden suchen, der Musik machen kann. Das hilft dir bestimmt und du wirst wieder fröhlich.« Saul ist einverstanden.

Einer im Haus kommt aus Betlehem. Er kennt David und weiß: »David kann Harfe spielen und er hat eine schöne Stimme.« Ein Bote wird zu Isai geschickt. »David soll an den Hof von Saul kommen und seine Harfe mitbringen«, richtet er aus. Isai ist stolz auf seinen Sohn. Er gibt David Geschenke für den König mit: Brot, Wein und ein geschlachtetes Ziegenböcklein. David packt alles auf einen Esel und reitet davon.

Saul schließt den jungen Burschen bald in sein Herz. Er mag ihn gut leiden und freut sich, wenn David in seiner Nähe ist.

Wenn der König traurig ist, greift David zur Harfe. Er spielt eine ruhige Melodie und singt dazu. Das tut dem kranken König gut. Die Musik tröstet ihn.

ALLE HABEN ANGST VOR DEM RIESEN GOLIAT

Erstes Buch Samuel 17, 1–51

Die Philister sind groß. Aber Goliat ist der größte und stärkste von ihnen. Goliat trägt einen schweren Helm. Seine Rüstung wiegt fast einen Zentner. Die Beine stecken in Schienen aus Eisen. Sein Speer ist lang wie ein Baum.

Jeden Tag kommt der Riese dicht an das Lager von Saul heran. Seine Stimme klingt wie Donner, wenn er ruft: »Wer wagt es gegen mich? Na, ich warte. Ich blas jeden um. Da kann auch euer Gott nicht helfen.«

Sauls Soldaten verstecken sich. Sie zittern am ganzen Leib, wenn die Stimme des Riesen durchs Tal dröhnt.

Auch David hört, wie der Philister prahlt und angibt. Er geht zu Saul und erklärt: »Wollen wir uns noch länger von diesem Kraftprotz auslachen lassen? Er verhöhnt auch Gott. Ich will gegen ihn kämpfen.«

Saul erwidert heftig: »Auf keinen Fall! Du bist kein Soldat.« Aber David lässt sich nicht beirren. »Als Hirte habe ich mit Löwen und Bären gekämpft. Ich habe keine Angst vor dem Großmaul.«

Saul lässt David seine Rüstung anziehen. Aber David fällt fast um unter der Last. Er zieht sie wieder aus und hängt sich seine Hirtentasche um. In einer Hand trägt er den Hirtenstab, in der anderen hält er eine Schleuder.

Als der Riese Goliat auf ihn zukommt, hebt er schnell fünf glatte Steine auf und steckt sie in die Tasche. Schon tönt der Philister: »Was, du kommst mit einem Stock. Willst du mich wie einen Hund erschlagen? Bursche, ich zerquetsche dich wie einen Floh zwischen meinen Fingern.«

Flink legt David einen Stein in die Schleuder. Schon saust der Stein los und trifft den Riesen am Auge. Goliat fällt auf der Stelle tot um. Die Philister rennen blind vor Schreck davon.

SAUL WIRFT DEN SPEER AUF DAVID

Erstes Buch Samuel 18, 5–27

Überall erzählt man vom Sieg über Goliat. Die Frauen tanzen auf den Straßen. Sie singen: »Saul hat tausend Feinde besiegt, aber David hat zehntausend geschlagen.« Saul ärgert sich. Der Gesang gefällt ihm gar nicht. Er wird neidisch auf David. Am liebsten möchte er ihn loshaben.

Wenig später stellen Sauls Diener fest: »Der König isst nichts und trinkt nichts. Ihn plagt wieder dieser böse Geist.« Sie bitten David: »Spiel dem König etwas auf deiner Harfe vor.«

Kaum erklingen die ersten Töne, greift Saul plötzlich nach seinem Speer und schleudert ihn auf David. Der kann gerade noch ausweichen. Der Speer fährt hinter ihm in die Wand. Tag und Nacht grübelt der König, wie er David aus dem Weg räumen kann.

Michal, Sauls Tochter, verliebt sich in David. Sie sagt zu ihrem Vater: »Ich möchte David heiraten.« Der König lächelt und antwortet: »Gern, mein Kind. Schon bald kann die Hochzeit sein.«

Er ruft David und sagt: »Ich gebe dir Michal als Frau. Nur musst du mir vorher hundert Helme von den Philistern bringen. Das ist der Brautpreis.« Still bei sich denkt er: ›Die Philister werden ihn im Kampf töten.‹ Aber das bleibt Sauls Geheimnis.

Schon einen Tag später kommt David mit den Helmen. Er hat nicht nur hundert, sondern zweihundert Philister besiegt. Die Helme legt er Saul vor die Füße. Saul muss sich geschlagen geben. Michal wird Davids Frau.

JONATAN WIRD DAVIDS FREUND

Erstes Buch Samuel 18, 1–4 und 20, 1–42

Sauls Sohn Jonatan und David werden enge Freunde. Mit Jonatan kann David über alles reden. Auf ihn kann er sich verlassen.

Die beiden treffen sich heimlich. David sagt: »Morgen soll ich mit deinem Vater am Tisch sitzen. Aber ich fürchte mich. Vielleicht will er mich umbringen.« Jonatan beruhigt ihn. »Mein Vater sagt mir alles«, erklärt er. »Ich finde heraus, was er vorhat, und gebe dir ein Zeichen.«

Sie gehen zusammen auf ein Feld. An einem Steinhaufen bleiben sie stehen. Jonatan sagt: »Hier musst du dich morgen früh verstecken. Pass genau auf, wenn ich mit meinem Diener herkomme. Ich schieße drei Pfeile in die Luft. Mein Diener wird danach suchen. Wenn ich ihm zurufe: ›Du bist zu weit gelaufen. Komm näher, komm zurück‹, so steht die Sache gut. Wenn ich aber rufe: ›Du musst weiter weg gehen und vorn suchen‹, dann bist du in Gefahr.«

Am Abend bei Tisch fragt Saul: »Jonatan, wo steckt David?« Der antwortet: »Ich habe ihm erlaubt, nach Betlehem zu gehen.«

Da wird Saul rot vor Zorn im Gesicht. Er schreit: »Du willst doch nur, dass er sich vor mir verstecken kann. Ich weiß, dass du zu ihm hältst. Aber David wird mir nicht entkommen.«

Am nächsten Morgen geht Jonatan aufs Feld und schießt drei Pfeile in die Luft. Der Diener läuft und sucht. Jonatan ruft ihm nach: »Geh weiter fort! Die Pfeile liegen viel weiter vorn.« Der Diener bringt die Pfeile, und Jonatan schickt ihn heim. Jetzt kommt David hinter dem Steinhaufen vor. Er weiß Bescheid. Er muss fliehen. Jonatan und David umarmen sich. Sie schwören, dass sie ein Leben lang Freunde bleiben.

Saul verfolgt David

Erstes Buch Samuel 24, 1–23

In der Wüste nahe bei Betlehem kennt David jede Höhle. Es gibt für ihn kein besseres Versteck.

David ist nicht allein. Ein paar von Sauls Männern sind mit ihm geflohen. Andere schließen sich unterwegs an.

Natürlich erfährt Saul, wo sich David aufhält. Seine Kundschafter sind überall. Mit vielen Soldaten nimmt er die Verfolgung auf.

Saul sucht bei den Steinbockfelsen. Er ahnt nicht, dass er auf Schritt und Tritt beobachtet wird. David sieht, wie Saul in einer Höhle verschwindet. Ein Wachposten bleibt am Eingang stehen. Aber David kennt noch einen anderen Zugang zum hinteren Teil der Höhle.

»Jetzt kannst du ihn töten«, sagen Davids Begleiter, »dann bist du frei.« David weist den Vorschlag zurück. »Saul ist unser König«, sagt er entrüstet. »Gott hat Saul ausgewählt. Wie könnte ich ihm etwas antun?«

David schleicht sich an Saul heran. Mit dem Messer schneidet er einen Zipfel von Sauls Mantel ab. Lautlos verlässt er die Höhle.

Saul setzt seinen Weg fort. Da zeigt sich David oben auf dem Felsen. Er winkt mit dem Mantelzipfel nach unten und ruft: »König Saul! Ich war auch in der Höhle. Aber ich habe dir nichts zuleide getan. Hör doch nicht auf die Leute, die behaupten, dass ich Böses gegen dich im Schilde führe.«

Saul traut seinen Augen nicht. Er ist fassungslos. Er stammelt: »David, mein Sohn. Du hättest mich töten können. Du bist viel besser als ich. Ich verspreche dir: Ich werde dich nicht mehr verfolgen.«

Doch David ist weiter auf der Hut und bleibt in der Wüste.

Ein Bote bringt die Nachricht von Sauls Tod

Erstes Buch Samuel 31, 1–13 und Zweites Buch Samuel 1, 1–27 und 5, 1–4

Die Philister sind ins Land eingefallen. Diesmal muss Saul den Feinden ohne David entgegenziehen. David ist noch immer auf der Flucht.

Es kommt zum Kampf. Die Philister sind stärker. Sauls Soldaten fliehen. Die Philister stürmen hinterher. Jonatan und zwei andere Söhne von Saul werden getötet. Dann machen alle Jagd auf den König. Ein Pfeil trifft ihn. Saul ist schwer verletzt. Er will nicht Gefangener von den Philistern werden. Deshalb stößt er sich das eigene Schwert in die Brust und stirbt.

Die Philister nehmen den toten Soldaten die Waffen weg. Alles, was wertvoll ist, stecken sie ein. Die leblosen Körper lassen sie auf dem Boden liegen.

Doch am nächsten Tag kommen Freunde des Königs und begraben ihn und seine Söhne unter einem hohen Baum vor ihrer Stadt.

Ein Bote bringt David die Nachricht von Sauls Tod. Er hofft auf eine große Belohnung. Aber David denkt nicht an eine Belohnung. Er weint und stimmt ein lautes Klagelied an. Er trauert um den toten König und um Jonatan, seinen besten Freund.

David geht nach Hebron. Es ist die Stadt, in der Abraham ein Familiengrab gekauft hat. Hierher kommen auch die Anführer von ganz Israel und erklären feierlich: »David, wir wollen, dass du unser neuer König wirst.« David ist 30 Jahre alt.

Jerusalem wird Königsstadt

Zweites Buch Samuel 5, 6–10 und 6, 1–19 und 7, 11–16

Hoch oben auf dem Berg liegt Jerusalem. In dieser Stadt will David über sein Land regieren. Doch die Menschen, die in Jerusalem leben, gehören nicht zum Volk Israel. David beschließt, die Stadt zu erobern. Jerusalem ist eine Festung mit dicken Mauern. Die Leute stehen oben und lachen David aus. Sie rufen: »Unsere Wächter könnten blind und lahm sein, aber zu uns kommt keiner herein. Unsere Mauern sind viel zu stark.«

David kennt einen geheimen Schacht. Der Eingang ist ein Brunnen vor der Stadtmauer. Tief unter der Erde führt der Schacht in die Stadt hinauf. David sagt zu seinen Leuten: »Der Erste, der durch den Schacht steigt und in die Stadt eindringt, wird Hauptmann.«

In der Dunkelheit klettert Joab durch den Schacht hoch. Von innen öffnet er die Riegel der starken Tore. Die Israeliten stürmen hinein und erobern die Stadt. Von dem Tag an heißt Jerusalem ›Stadt Davids‹. Schon bald lässt David die Bundeslade nach Jerusalem holen. Als der schwere Kasten mit den Gebotstafeln durch das Stadttor getragen wird, jubeln die Menschen. Sie tanzen auf den Straßen. Der König selbst tanzt mit. Umsonst gibt es Brot, Fleisch und Rosinenkuchen. Bis in die Nacht hinein hört man fröhliche Lieder, Trommeln und Pauken.

Ein Prophet mit dem Namen Nathan verspricht David: »Gott wird mit dir sein. Du wirst berühmt sein in allen Ländern. Deine Kinder und Enkel und die Kinder von deinen Enkeln werden alle Könige in Jerusalem sein.«

David macht einen bösen Plan

Zweites Buch Samuel 11, 1–27

David hat in Jerusalem keinen Palast. Er wohnt in einem großen Haus mit einem Dachgarten. Abends ist David gern oben auf dem Dach. Da weht ein angenehmer kühler Wind.

Die Häuser in Jerusalem stehen dicht beieinander. So sieht David auf dem Dach eines Nachbarhauses eine Frau. Die Frau wäscht sich. Sie ist sehr schön. Er erkundigt sich, wie die Frau heißt. »Das ist Batseba«, wird ihm berichtet.

Am nächsten Tag schickt David einen Boten mit einem Geschenk zu Batseba. Er lädt sie in sein Haus ein. Die beiden essen zusammen. Sie reden bis tief in die Nacht. Sie lachen viel zusammen.

David gefällt die Frau. Er möchte sie heiraten. Aber Batseba ist schon verheiratet. Ihr Mann ist Uria, einer der Soldaten von David.

David denkt sich einen bösen Plan aus. Er schickt einen Brief an den Hauptmann Joab. ›Geheim! Nur Joab darf öffnen!‹, steht darauf. David schreibt Joab: »Beim nächsten Kampf stellst du Uria in die vorderste Reihe. Dorthin, wo die Feinde am stärksten sind. Ich will, dass er stirbt.« Schon bald wird David gemeldet: »Uria ist tot.« Batseba trauert um ihren Mann. Als die Trauerwochen vorbei sind, heiraten David und Batseba.

GOTTES GEBOT GILT AUCH FÜR DEN KÖNIG

Zweites Buch Samuel 12, 1–25

Gott ist zornig auf David. Er schickt den Propheten Nathan zu ihm. Nathan erzählt dem König eine Geschichte.

»Hör zu«, sagt er, »ein Mann hat viele Schafe und Rinder. Sein Nachbar ist arm. Er hat nur ein Schaf. Er liebt dieses Schaf. Es frisst aus seiner Hand. Das Schäflein hat sein Lager im gleichen Raum, in dem auch der Mann schläft.

Einmal hat der reiche Nachbar mit den vielen Tieren Besuch. Aber er will den Gästen keines von seinen eigenen Schafen zum Essen vorsetzen. Darum nimmt er sich einfach das Schaf von dem armen Mann. Er schlachtet es und isst es mit seinen Gästen zusammen auf.«

Bis hierher hört David gespannt zu. Jetzt schreit er wütend: »So eine Gemeinheit! Der Übeltäter muss sterben.«

Da antwortet Nathan: »Du bist der Mann. Von dir ist die Rede. Du hast Uria töten lassen und ihm seine Frau genommen.«

David schweigt lange. Dann sagt er leise: »Ich habe schwer gesündigt. Ich habe Gottes Gebote übertreten. Ich verdiene es, dass ich hart bestraft werde.«

Darauf antwortet ihm Nathan: »Weil du deine Tat bereust, musst du nicht sterben. Gott wird nicht für immer zornig auf dich sein. Er wird dir deine Schuld vergeben.«

Batseba bekommt einen Sohn. Das Kind stirbt. Aber das zweite Kind lebt. Es ist wieder ein Sohn. Er wird Salomo genannt. Nathan wird später sein Lehrer.

Salomo wird Davids Nachfolger

Erstes Buch der Könige 2, 1–4.10–12 und 3, 5–15

David ist vierzig Jahre lang König in Jerusalem. Jetzt ist er alt und
ahnt, dass er bald sterben wird. Er ruft Salomo an sein Bett und sagt:
»Mein Sohn, bald wirst du König sein. Versprich mir, dass du dich
immer an Gottes Gebote hältst. Dann wird dir alles gelingen,
was du tust.« Wenig später ist David tot.
Bald nach Davids Begräbnis wird in Jerusalem gefeiert. Mit Pauken
und Trompeten wird Salomo als neuer König eingesetzt.
Als das Fest vorbei ist, hat Salomo einen Traum. In dem Traum sagt
Gott zu ihm: »Salomo, du darfst dir von mir etwas wünschen.«
Da antwortet Salomo: »Herr, ich bin noch jung. Es wird schwer
für mich sein, ein großes Volk zu regieren. Gib mir Weisheit und
Verstand dazu. Ich will ein guter und gerechter König sein.«
Gott freut sich, dass Salomo sich nicht einfach viel Gold
und große Schätze gewünscht hat. Salomos Wunsch
geht in Erfüllung.
Salomo wird ein kluger und weiser König.

Die ganze Welt bewundert König Salomo

Erstes Buch der Könige 3, 16–28 und 6, 1–22 und 7, 1–12 und 8, 1–4 und 10, 1–9

Ein paar Tage nach Salomos Traum kommen zwei Frauen zum König. Sie wohnen im selben Haus. Beide haben fast zur gleichen Zeit ein Kind zur Welt gebracht. Eins von den beiden Kindern ist gestorben. Jetzt behauptet die eine Frau: »Das lebendige Kind gehört mir.«

»Nein«, ruft die andere, »es gehört mir.« Sie streiten ohne Ende.

Der König sagt: »Bringt mir ein Schwert. Ich teile das Kind mitten durch. Und jede bekommt ein halbes Kind.« Da schreit eine von beiden Frauen auf:

»Nein! Gib es der anderen Frau, aber lass das Kind leben.«

Salomo weiß: ›Keine Mutter würde ihr Kind töten lassen.‹ Er kennt jetzt die richtige Mutter und gibt ihr das Kind.

Überall wird erzählt, was für ein kluger Richter der neue König ist.

In Jerusalem und im ganzen Land herrscht Frieden. Salomo baut für Gott einen Tempel. Der glänzt außen und innen vor lauter Gold. In das kostbare Holz an den Wänden sind Engel, Palmen und Blumen geschnitzt. Hinten im Tempel ist ein dunkler Raum ganz ohne Fenster. Der Raum ist zehn Meter lang, zehn Meter breit und zehn Meter hoch. Er wird das Allerheiligste genannt. In einer feierlichen Prozession tragen Priester die Bundeslade in das Allerheiligste.

Salomo baut auch einen Königspalast. In dem Palast wohnt er mit seiner Familie. Seine Gäste wohnen in einem Haus aus Zedernholz. Sie kommen aus vielen Ländern. Eine Königin kommt sogar aus Saba. Das liegt im Süden von Arabien.

Das Königreich
wird geteilt

Erstes Buch der Könige 12, 1–32

Nach Salomos Tod gibt es Ärger. Rehabeam, Salomos Sohn, will König werden. Die Anführer aus ganz Israel versammeln sich in Sichem. Sie erklären Rehabeam: »Dein Vater hat uns das Leben schwer gemacht. Wir mussten hart für ihn arbeiten. Bei dir wollen wir es leichter haben.« Kluge Männer mit weißen Bärten raten Rehabeam: »Erfüll den Wunsch des Volkes. Dann werden dir die Leute treu sein und immer gehorchen.« Doch Rehabeams Freunde sagen: »Du darfst jetzt nicht nachgeben. Wenn du schwach wirst, werden dir bald alle auf der Nase herumtanzen.« Rehabeam folgt dem Rat der Jüngeren und antwortet: »Mein Vater hat viel von euch verlangt. Ich will noch mehr verlangen. Die Aufseher meines Vaters hatten Peitschen. Meine Aufseher werden Peitschen mit Nägeln darin haben.«
Viele sind empört. Sie rufen: »So einen König wollen wir nicht!«
Und sie wählen einen anderen König. Der heißt Jerobeam.
Von diesem Tag an gibt es zwei Könige im Land. Das Königreich wird geteilt. Rehabeam regiert in Jerusalem und in dem Land südlich von Jerusalem. Sein Reich heißt Königreich Juda.
Jerobeam regiert im Norden. Er nennt sein Land das Königreich Israel. Doch in diesem Land gibt es keinen Tempel und keine Bundeslade wie in Jerusalem. Deshalb lässt Jerobeam zwei Stiere aus Gold formen. Er baut auch Tempel und stellt die goldenen Stiere hinein. »Das sind eure Götter«, erklärt er Menschen in seinem Reich. »Hier könnt ihr beten und opfern.« Das Volk jubelt.
Doch Gott schaut voll Zorn auf die Götterbilder.

Elia kämpft für Gott

Elia versteckt sich vor König Ahab

Erstes Buch der Könige 17, 1–6

Viele Jahre sind vergangen, seit das König-reich von David geteilt worden ist. In dem Reich im Norden regiert jetzt König Ahab. Überall in seinem Land stehen Altäre für Baal. Baal ist wie ein Gott für Ahab und sein Volk. Doch Gott hat in den Zehn Ge-boten gesagt: ›Ich bin der Herr, dein Gott. Vertraue nicht auf andere Götter.‹

Gott ruft den Propheten Elia. Er spricht zu ihm: »Ahab und die Menschen hier im Land beten zu Baal. Das habe ich verboten. Du musst ihn warnen.«
Elia geht zum König und spricht: »Von heute an wird es nicht mehr regnen. Alles wird vertrocknen. Der Regen kommt erst wieder, wenn Gott es erlaubt.«
Der König wird wütend. Elia muss fliehen. Er versteckt sich am Bach Krit. Jeden Mor-gen und jeden Abend schickt Gott Raben. Die bringen Elia Brot und Fleisch. Wasser trinkt er aus dem Bach.

Eine Witwe sorgt für Elia

Erstes Buch der Könige 17, 7–16

Nach einiger Zeit vertrocknet der Bach Krit. Es regnet ja nicht mehr. Da spricht Gott zu Elia: »Geh in die Stadt Zarpat am Mittelmeer. Dort wird eine Witwe für dich sorgen.«

Der Weg ist weit. Nahe beim Stadttor sieht Elia eine Frau. Sie sammelt Holz. Er bittet die Frau um einen Becher Wasser. »Bring mir auch ein Stück Brot mit«, sagt er, »ich habe Hunger.«

Die Frau antwortet: »Ach Herr, ich habe nur einen winzigen Rest Öl und Mehl im Haus. Das reicht gerade noch aus für ein kleines Brot. Wenn mein Sohn und ich das aufgegessen haben, müssen wir sterben.« »Mach dir keine Sorgen«, beruhigt sie Elia. »Solange ich in deinem Haus bin, wirst du immer genug Öl und Mehl haben.« Die Frau verlässt sich auf das Wort des Propheten. Elia wohnt bei ihr. Und Gott versorgt ihn und mit ihm die Frau und ihren Sohn. Sie haben jeden Tag genug zu essen.

Es gibt nur den einen Gott

Erstes Buch der Könige 18, 1–46

Verzweifelt sucht der König Ahab im ganzen Land nach Wasserstellen und Weideplätzen. Doch er findet nichts. Da traut er seinen Augen nicht. Auf einmal steht der Prophet Elia vor ihm. Ahab fährt ihn an: »Da bist du ja! Ganz Israel hast du ins Unglück gestürzt.« Elia erwidert: »Du allein trägst die Schuld an der Hungersnot. Du betest den Baal an. Doch es gibt nur einen Herrn und Gott.«

Elia fährt fort: »Ruf die Menschen auf dem Berg Karmel zusammen. Die Baalspriester sollen auch kommen. Keiner darf fehlen.« In Scharen strömen Männer und Frauen hinauf zum Berg. Sie warten gespannt. Elia weist die Baalspriester an: »Schlachtet einen Stier und legt ihn auf den Altar. Ich werde das Gleiche tun. Dann beten wir, dass Feuer vom Himmel fällt und den Stier verbrennt.«

Die Baalspriester laufen und hüpfen im Kreis um den Altar und rufen: »Baal, schick Feuer vom Himmel.« Aber es geschieht nichts. Elia spottet: »Ruft lauter. Vielleicht macht euer Gott seinen Mittagsschlaf.« Aber so laut sie auch rufen, nichts rührt sich. Jetzt ist Elia an der Reihe. Er schichtet einen Altar aus zwölf Steinen auf. Darauf legt er Holz und das Opfertier. Zuletzt gießt er Wasser über das Holz, bis alles ganz nass ist. Dann kniet er nieder und betet: »Herr, du allein bist Gott. Zeige heute allen deine Macht.«

Da fährt ein Blitz vom Himmel herab. Das nasse Holz brennt lichterloh. Die Flammen lassen nichts übrig von dem Opfertier.

Alle fallen auf die Erde nieder und rufen: »Der Herr ist Gott! Er ganz allein!« Die Baalspriester werden fortgejagt. Und vom Himmel regnet es in Strömen auf das ausgetrocknete Land.

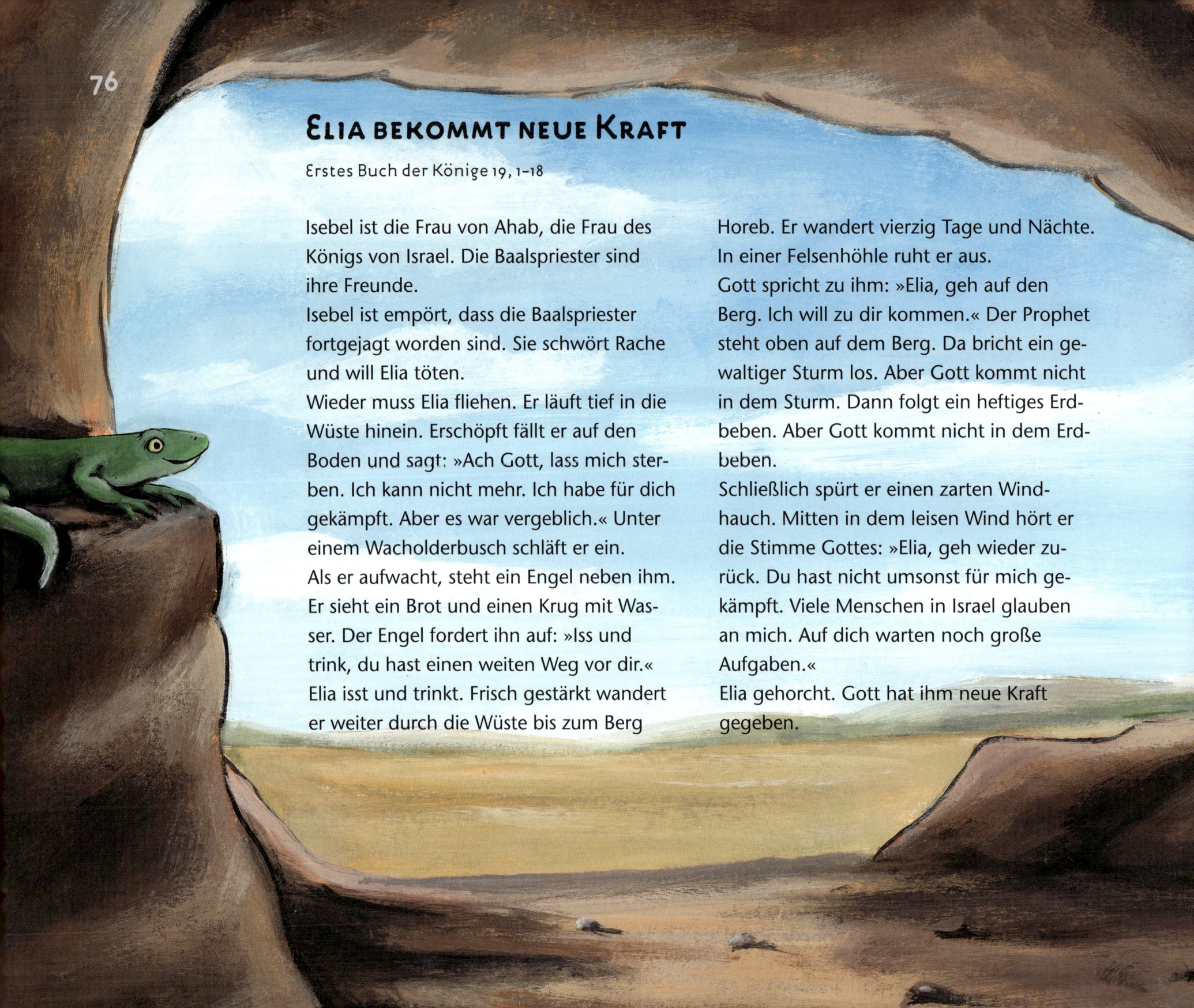

ELIA BEKOMMT NEUE KRAFT

Erstes Buch der Könige 19, 1–18

Isebel ist die Frau von Ahab, die Frau des Königs von Israel. Die Baalspriester sind ihre Freunde.

Isebel ist empört, dass die Baalspriester fortgejagt worden sind. Sie schwört Rache und will Elia töten.

Wieder muss Elia fliehen. Er läuft tief in die Wüste hinein. Erschöpft fällt er auf den Boden und sagt: »Ach Gott, lass mich sterben. Ich kann nicht mehr. Ich habe für dich gekämpft. Aber es war vergeblich.« Unter einem Wacholderbusch schläft er ein.

Als er aufwacht, steht ein Engel neben ihm. Er sieht ein Brot und einen Krug mit Wasser. Der Engel fordert ihn auf: »Iss und trink, du hast einen weiten Weg vor dir.« Elia isst und trinkt. Frisch gestärkt wandert er weiter durch die Wüste bis zum Berg Horeb. Er wandert vierzig Tage und Nächte. In einer Felsenhöhle ruht er aus.

Gott spricht zu ihm: »Elia, geh auf den Berg. Ich will zu dir kommen.« Der Prophet steht oben auf dem Berg. Da bricht ein gewaltiger Sturm los. Aber Gott kommt nicht in dem Sturm. Dann folgt ein heftiges Erdbeben. Aber Gott kommt nicht in dem Erdbeben.

Schließlich spürt er einen zarten Windhauch. Mitten in dem leisen Wind hört er die Stimme Gottes: »Elia, geh wieder zurück. Du hast nicht umsonst für mich gekämpft. Viele Menschen in Israel glauben an mich. Auf dich warten noch große Aufgaben.«

Elia gehorcht. Gott hat ihm neue Kraft gegeben.

NABOT MUSS STERBEN

Erstes Buch der Könige 21, 1–26

Ahab hat ein Schloss mit einem großen Park. Doch eins stört ihn. Mitten im Park liegt ein Weinberg, der ihm nicht gehört. Der Weinberg gehört Nabot.

Ahab sagt zu Nabot: »Gib mir deinen Weinberg. Ich kaufe ihn. Oder du bekommst einen guten Acker dafür.« Doch Nabot erwidert: »Nein, das ist der Weinberg von meinem Vater und von meinem Großvater. Alle haben gesagt: ›Dieses Stück Land hat uns Gott geschenkt.‹ Ich darf den Weinberg nicht hergeben.«

Ahab weiß, dass Nabot im Recht ist. Verärgert geht er in sein Schloss. Er schließt sich in eine Kammer ein. Ahab isst nichts und trinkt nichts.

Isebel erfährt von der Geschichte. Sie sagt zum König: »Hör auf, dich zu ärgern. Iss etwas. Ich werde die Sache für dich regeln.«

Sie schreibt an die Stadtverwalter: ›Befehl des Königs: Ladet alle Bürger zu einer Versammlung ein. Nabot bekommt einen Ehrenplatz. Dann ruft ihr zwei Leute in den Saal. Sie sollen erklären, dass Nabot schlecht über den König redet. Dafür gebt ihr den beiden Geld. Und Nabot wird zum Tode verurteilt.‹

Alle fürchten sich vor der Königin. Niemand wagt zu widersprechen. So muss Nabot sterben.

Lachend geht Ahab in den Weinberg. Der gehört jetzt ihm. Alles gehört dem König, was der Tote besessen hat.

Aber Ahab ist nicht allein im Weinberg. Elia wartet schon auf ihn. Heftig fährt er den König an: »Du und deine Frau, ihr seid Mörder und Diebe. Ihr werdet dem Zorn Gottes nicht entkommen.«

Ahab wird im Krieg von einem Pfeil ins Herz getroffen. Isebel wird von den eigenen Dienern aus dem Fenster geworfen.

In einem feurigen Wagen fährt Elia davon

Erstes Buch der Könige 19, 15–21 und
Zweites Buch der Könige 2, 1–12

Gott spricht zu Elia: »Ich habe Elisa als Nachfolger für dich bestimmt. Geh zu ihm. Er soll dich begleiten.«

Elisa ist ein reicher Bauer. Er hat 24 Ochsen im Stall. Als Elia zu ihm kommt, pflügt Elisa gerade seinen Acker.

Elia wirft Elisa seinen Prophetenmantel über. Er sagt zu ihm: »Du bist jetzt wie ich. Ich bin ein Bote Gottes. Bald wirst du der Bote sein.«

Elisa nimmt Abschied von Vater und Mutter. Seine Ochsen ziehen den Pflug an einem hölzernen Joch. Elisa verbrennt das Joch. Er braucht es jetzt nicht mehr. Zusammen mit Elia macht er sich auf den Weg und wird sein Diener.

Sie kommen an den Jordan. Elisa ahnt, dass Elia nicht mehr lange bei ihm sein wird. Aber er spricht nicht darüber. Elia sagt zu ihm: »Warte hier. Ich muss auf die andere Seite des Flusses.« Doch Elisa antwortet: »Nein, ich will bei dir bleiben.«

Die beiden haben noch viel miteinander zu bereden. Da kommt ein Pferdegespann in schnellem Tempo daher. Um den Wagen und um die Pferde lodern helle Feuerflammen. Der Wagen trägt den Propheten Elia zum Himmel hinauf.

Elisa ruft: »Mein Vater! Mein Vater! Du hast für Israel gekämpft wie kein anderer.«

Aber der Wagen mit Elia ist schon nicht mehr zu sehen.

PROPHETEN KENNEN GOTTES PLÄNE

Jesaja bekommt von Gott einen Auftrag

Jesaja 6, 1–13

Prophet wird man nicht wie man Lehrer oder Arzt oder Priester wird. Man kann den Beruf nicht lernen. Gott sucht sich seine Propheten selbst aus. Er verrät ihnen etwas von seinen Geheimnissen. Er lässt sie in seine Pläne schauen. Gott schickt ihnen Botschaften durch Engel oder Worte, in Träumen oder Bildern. So ist das auch bei Jesaja gewesen.

Jesaja sieht Gott. Doch er sieht nicht das Gesicht von Gott. Er sieht nur den Mantel. Er sieht auch nicht den ganzen Mantel, sondern nur den unteren Saum. Er steht am Eingang des Tempels. Alle Türen sind offen, die äußeren und die inneren. Jesaja sieht bis in das Allerheiligste hinein. Der ganze zehn Meter hohe Raum ist ausgefüllt von Gottes Mantelsaum. Engel rufen im Chor: »Heilig, heilig, heilig ist Gott, der Herr!« Jesaja erschrickt: ›So groß ist Gott! So groß, dass wir Menschen winzig klein neben ihm sind. Auch ich bin nur ein Mensch.‹

Jetzt hört Jesaja die Stimme Gottes: »Ich brauche einen Boten.« Jesaja antwortet: »Hier bin ich, Herr, sende mich.«

Gott gibt ihm den Auftrag: »Rufe laut auf allen Straßen: ›So spricht der Herr: Ich habe einen großen Zorn auf Jerusalem. Die Menschen, die hier wohnen, sind voll Bosheit und halten meine Gebote nicht. Deshalb wird die Stadt zerstört. Der König und das ganze Volk werden gefangen weggeführt. Die Häuser werden leer stehen. Das Land wird verwüstet.‹«

Doch zuletzt hört der Prophet noch die Worte: »Ein ganz kleiner Rest wird nach der Zerstörung übrig bleiben. Dieser kleine Rest wird mit Gottes Hilfe einen neuen Anfang machen. Die Häuser werden wieder bewohnt und auf den Feldern werden Früchte wachsen. Und die Menschen werden auf Gott hören.«

Jesaja singt das Lied vom Weinberg

Jesaja 5, 1–7

Es ist Herbst. Der Wein ist geerntet. Die Leute freuen sich und feiern. Auch Jesaja kommt zu der Feier. Er bringt seine Gitarre mit. Schon wird er von den anderen umringt. »Sing uns ein Lied vor«, bitten sie.

»Lied vom Weinberg«, ruft der Prophet in die Runde. Dann greift er in die Saiten und singt:

Mein Freund hat einen Weinberg an einem schönen Ort.
Er pflügt den Boden fleißig, wirft alle Steine fort.
Dann pflanzt er edle Reben der allerbesten Art.
Er baut auch Zaun und Mauer. An nichts hat er gespart.
Er freut sich auf die Ernte. Doch bald schon wird ihm klar:
Die Trauben, die sind sauer. Umsonst die Mühe war.

Jesaja legt die Gitarre beiseite und fragt die Zuhörer: »Was wird der Freund mit seinem Weinberg tun? Was meint ihr? Ich will es euch verraten: Er wird die Rebstöcke abhacken und Zaun und Mauer einreißen. Statt Reben werden Disteln und Dornen wachsen. Der Weinberg wird ein wüster Unkrautacker werden.«
Die frohe Stimmung ist vorbei. Den Zuhörern ist das Lachen vergangen.
Jesaja fährt fort: »Ihr seid gemeint mit dem Weinberg. Gott hat sich um euch gekümmert wie ein geduldiger Gärtner. Gott liebt das Recht, doch ihr seid schlecht. Er wartet darauf, dass Recht gesprochen wird. Doch er sieht, dass Recht gebrochen wird.«

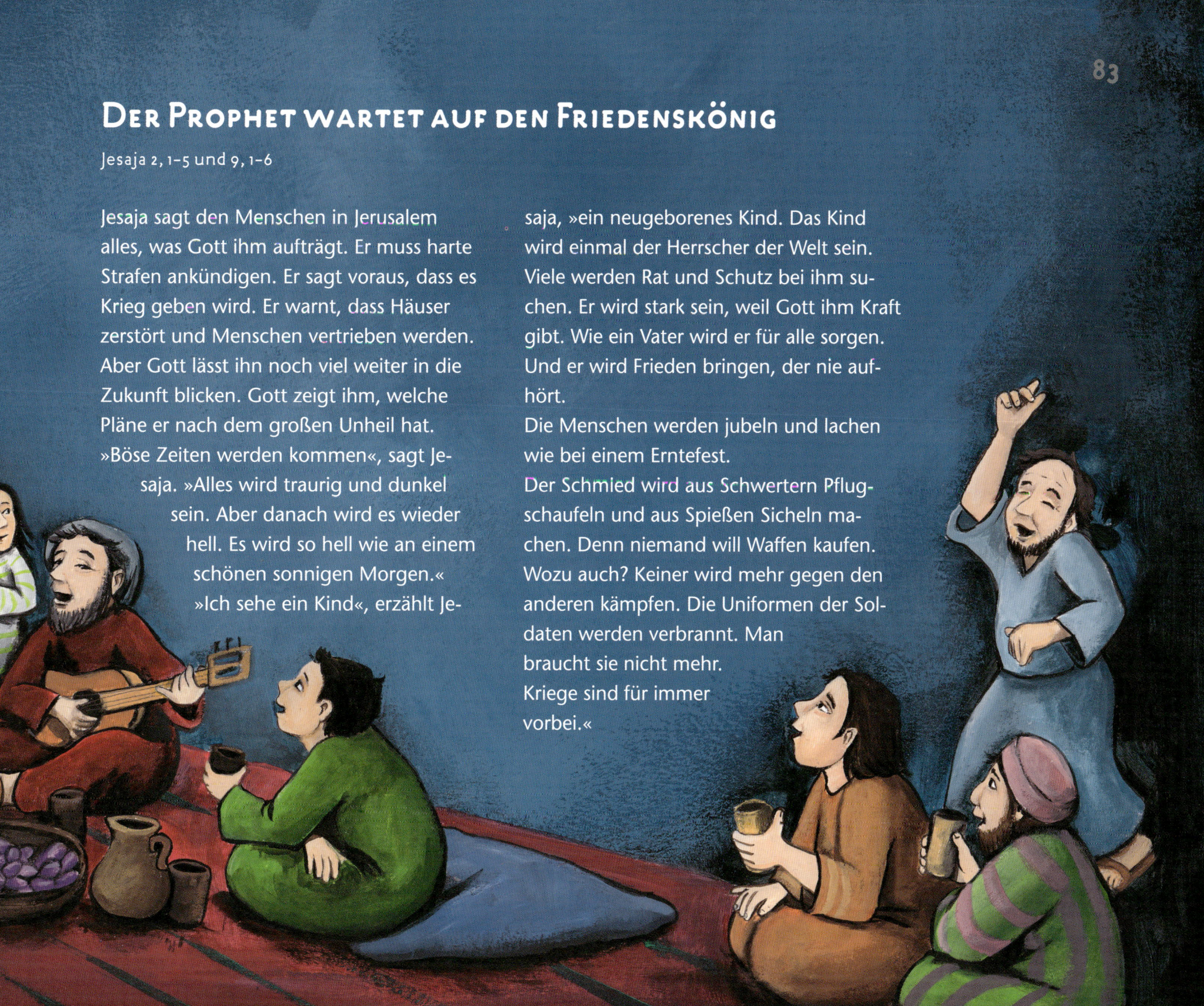

DER PROPHET WARTET AUF DEN FRIEDENSKÖNIG

Jesaja 2, 1–5 und 9, 1–6

Jesaja sagt den Menschen in Jerusalem alles, was Gott ihm aufträgt. Er muss harte Strafen ankündigen. Er sagt voraus, dass es Krieg geben wird. Er warnt, dass Häuser zerstört und Menschen vertrieben werden. Aber Gott lässt ihn noch viel weiter in die Zukunft blicken. Gott zeigt ihm, welche Pläne er nach dem großen Unheil hat. »Böse Zeiten werden kommen«, sagt Jesaja. »Alles wird traurig und dunkel sein. Aber danach wird es wieder hell. Es wird so hell wie an einem schönen sonnigen Morgen.«

»Ich sehe ein Kind«, erzählt Jesaja, »ein neugeborenes Kind. Das Kind wird einmal der Herrscher der Welt sein. Viele werden Rat und Schutz bei ihm suchen. Er wird stark sein, weil Gott ihm Kraft gibt. Wie ein Vater wird er für alle sorgen. Und er wird Frieden bringen, der nie aufhört.

Die Menschen werden jubeln und lachen wie bei einem Erntefest.

Der Schmied wird aus Schwertern Pflugschaufeln und aus Spießen Sicheln machen. Denn niemand will Waffen kaufen. Wozu auch? Keiner wird mehr gegen den anderen kämpfen. Die Uniformen der Soldaten werden verbrannt. Man braucht sie nicht mehr.

Kriege sind für immer vorbei.«

AMOS WARNT DIE REICHEN HÄNDLER

Amos 7, 7–9 und 8, 4–7

Samaria ist die Hauptstadt des Königreichs im Norden. Schon König Ahab hatte hier seinen Palast. Ahab ist tot. Aber die Menschen in Samaria sind nicht besser als Ahab. Auch sie gehorchen Gott nicht. Deshalb schickt Gott den Propheten Amos nach Samaria. Amos stellt sich mitten in die große Säulenhalle, wo reiche Händler ihre Geschäfte machen.

»Hört mir zu«, ruft er. »Gott wird nicht länger zuschauen, wie ihr mit anderen Menschen umgeht. Ihr nehmt den Armen das Letzte weg, bis ihnen nichts mehr zum Leben übrig bleibt. Ihr zeigt sie beim Gericht an, wenn sie euch auch nur ein kleines bisschen Geld schuldig bleiben. Wer das Geld nicht zurückzahlen kann, wird als Sklave verkauft. Ihr wollt immer noch mehr Geld. Sonst interessiert euch Händler nichts. Euch kümmert es nicht einmal, dass ihr andere zu Bettlern macht.«

Und Amos fährt fort: »Ihr könnt es kaum erwarten, bis der Feiertag vorbei ist. Dann geht ihr wieder an eure Geschäfte. Doch ehrlich seid ihr dabei nicht. Eure Waage stimmt nicht und die Messbecher sind zu klein. Der Preis, den ihr verlangt, ist viel zu hoch.« Ein paar Zuhörer ballen die Faust und blicken trotzig an die Decke. Aber Amos ist noch nicht fertig. »Heute Nacht hatte ich einen Traum«, erzählt er. »Auf einer Mauer stand ein Mann. Der hatte eine Messschnur in der Hand. Unten dran hing ein Bleilot. Die Schnur fiel senkrecht nach unten. Und man konnte sofort erkennen: Die Mauer steht schief. So schief, dass sie bald einstürzen musste. Und ich hörte die Stimme Gottes: ›Bald werden die Mauern von Samaria einstürzen, so wie diese Mauer. Denn ich werde genau prüfen und messen, was die Menschen hier tun.‹«

Der Priester von Bethel jagt Amos aus dem Land

Amos 7, 12–17 und Zweites Buch der Könige 17, 1–6

Im Tempel von Bethel sieht Amos einen vergoldeten Stier. Das ist derselbe Stier, den Jerobeam vor langer Zeit aufgestellt hat. Aber Amos bleibt keine Zeit, den Tempel anzuschauen.

Der oberste Priester des Heiligtums stellt sich vor ihn hin und schreit ihn an: »Hinaus mit dir! Das ist das Heiligtum unseres Königs. Du hast hier nichts zu suchen. Geh wieder in das Land im Süden, aus dem du gekommen bist. Dort kannst du dich als Prophet aufspielen und deine Sprüche machen. Vielleicht bekommst du dort ja auch noch Geld dafür.«

Amos antwortet dem Priester: »Ich bin Hirte und habe große Schafherden. Dazu besitze ich viele Feigenbäume. Damit verdiene ich mein Geld und mein Brot. Ich gehöre nicht zu den Propheten, die sich bezahlen lassen.«

Ruhig erklärt Amos weiter: »Als ich bei meinen Schafherden war, hat Gott mir den Auftrag gegeben: ›Geh in das Königreich im Norden. Geh in die feinen Häuser in Samaria und in den Tempel von Bethel. Sag den Menschen, dass schlimmes Unheil geschieht, wenn sie sich nicht an meine Gebote halten.‹ Aber der Priester hört nicht zu und drängt Amos aus dem Tempel.

Jahre später wird wahr, was Amos vorhergesagt hat. Ein feindliches Heer zerstört die Mauern von Samaria und den Tempel in Bethel. Und die Menschen werden als Gefangene in ein anderes Land gebracht.

Keiner will auf Jeremia hören

Jeremia 1, 4–8 und 26, 1–11.24

Gott hat viel Geduld mit den Menschen in Jerusalem. Der Prophet Jesaja ist schon lange gestorben. Er hat Unheil vorausgesagt. Aber das Unglück ist immer noch nicht eingetroffen. Gott wartet, ob die Menschen nicht doch endlich auf ihn hören.

Er schickt ein zweites Mal einen Propheten. Der Prophet heißt Jeremia. Jeremia erschrickt, als er von Gott gerufen wird. »Ich bin für einen Propheten viel zu jung«, stammelt er. Doch Gott antwortet: »Du bist nicht zu jung. Tu, was ich dir sage. Und fürchte dich nicht vor den Leuten. Ich bin mit dir.«

Gott gibt Jeremia den Auftrag: »Geh zum Tempel. Du musst alle warnen, die heute aus der Stadt und aus den Dörfern zum Gottesdienst kommen. Sag, dass der Tempel zerstört wird, wenn sie meine Gebote nicht halten. Vielleicht werden sie ihr Leben doch noch ändern.«

Jeremia gehorcht. Aber die Menschen lachen ihn aus. Sie rufen empört: »Was behauptet der? Der Tempel soll zerstört werden? Das kann doch gar nicht sein. Im Tempel wohnt Gott. Der wird sein Haus schon verteidigen.«

Ein paar Männer schreien: »Jeremia soll sterben!« Sie packen den Propheten und führen ihn zum Gericht. Aber Ahikam, ein hoher Beamter des Königs, greift ein. Ahikam schützt Jeremia vor der aufgebrachten Menschenmenge.

Jeremia wird in eine Grube geworfen

Jeremia 38, 1–13 und 39, 15–18

In Jerusalem herrscht große Unruhe. Die Wächter auf den Mauern melden: »König Nebukadnezar aus Babel zieht heran mit einem gewaltigen Heer. Seine Soldaten haben die Stadt bereits umzingelt.«
Der Einzige, der ruhig bleibt, ist der Prophet Jeremia. Mit fester Stimme ruft er: »Ergebt euch dem König von Babel. Öffnet ihm die Tore. Nur so könnt ihr euer Leben retten.«
Die Minister und Generäle in der Stadt sind wütend. Sie erklären ihrem König: »Der Mann hetzt das Volk auf und nimmt den Soldaten allen Mut. Wer soll dann die Stadt verteidigen?« Der König antwortet: »Ich gebe euch freie Hand. Macht mit Jeremia, was ihr wollt.«

Jeremia wird festgenommen und in eine Grube voller Schlamm geworfen. Ebed-Melech, ein Diener des Königs, hört davon. Ebed-Melech stammt aus einem Land in Afrika. Seine Haut ist tiefschwarz. Er rennt zum König und sagt: »Wenn keine Hilfe kommt, versinkt Jeremia im Schlamm.« Der König erlaubt ihm, den Propheten zu retten.
Mit drei kräftigen Männern eilt Ebed-Melech zu der Grube. Er wirft ein Seil und ein paar alte Lumpen aus der Kleiderkammer des Königs hinunter und ruft: »Leg die Lumpen unter deine Achseln, damit das Seil nicht so einschneidet.« Mit vereinter Kraft ziehen die vier Männer Jeremia aus dem Schlamm.
Der Prophet darf sich jetzt im Wachhof bei den Soldaten aufhalten. Zu Ebed-Melech sagt Jeremia: »Gott wird deine gute Tat belohnen. Dir wird nichts Böses geschehen, wenn die Soldaten von Nebukadnezar die Stadt erobern.«

JERUSALEM BRENNT

Jeremia 39, 1–14 und 40, 1–6

Dumpfe Schläge hallen durch die Stadt. Es klingt, wie wenn Riesen mit schweren Hämmern gegen die Mauern schlagen. Nebukadnezars Soldaten haben ein hohes Gerüst gebaut und einen dicken Baumstamm daran aufgehängt wie an einer Schaukel. Den Baumstamm lassen sie gegen die Mauer donnern. Immer an derselben Stelle schlägt er auf. Das kann die stärkste Mauer nicht aushalten. Sie bricht ein und die Feinde stürmen in die Stadt. Häuser werden niedergebrannt. Schon stehen Tempel und Königspalast in Flammen. Viele Menschen sterben. Der König flieht. Doch er kommt nicht weit. Am Jordan wird er gefangen. Mit Eisenketten wird er an Armen und Beinen gebunden.

In einer endlos langen Reihe werden die Gefangenen nach Babel geführt. Der König mit seiner Familie, Minister und Offiziere, Priester und Beamte, Kaufleute und Handwerker. Nur ein kleiner Rest, meistens arme Leute, bleibt in der Stadt zurück.

Nebukadnezar befiehlt, Jeremia aus dem Wachhof zu befreien. Der König von Babel behandelt ihn wie einen Freund. Er stellt ihn vor die Wahl: »Du darfst als freier Mann mit nach Babel kommen und als Gast im Schloss leben oder du darfst hierbleiben, ganz wie du willst.«

Jeremia will bleiben. Er weiß, dass ihn die Menschen in dem zerstörten Land jetzt besonders brauchen.

GOTT LÄSST ISRAEL NICHT IM STICH

JEREMIA SCHREIBT AN DIE GEFANGENEN IN BABEL

Jeremia 29, 1–14

Die Propheten haben das große Unheil vorausgesagt. Samaria und Jerusalem sind zerstört worden. Amos, Jesaja und Jeremia haben die Wahrheit gesprochen.
Die Propheten haben aber auch vorausgesagt, dass Gott sein Volk Israel nach dem schlimmen Gericht nicht im Stich lassen wird. Und auch damit haben sie recht behalten. Jeremia hat gute Nachrichten für die Gefangenen aus Jerusalem.
Er schreibt einen Brief nach Babel:

Ihr Männer und Frauen aus Jerusalem,
Ihr werdet lange in Babel bleiben. Auch Eure Kinder und Enkel werden noch dort leben.
Es ist das Beste, wenn Ihr Häuser baut und Gärten anlegt. Dann könnt Ihr Früchte und
Gemüse ernten.
Betet für den König und für die Menschen in Babel, denn wenn es der Stadt gut geht,
werdet Ihr es auch gut haben.
Gott hält, was er verspricht. Die Strafe für Euren Ungehorsam wird nicht ewig dauern.
Euer Leid soll ein Ende haben. Gott wird Euch nach Jerusalem zurückbringen. Alle
Wunden werden heilen.

Viele liebe Grüße
Jeremia

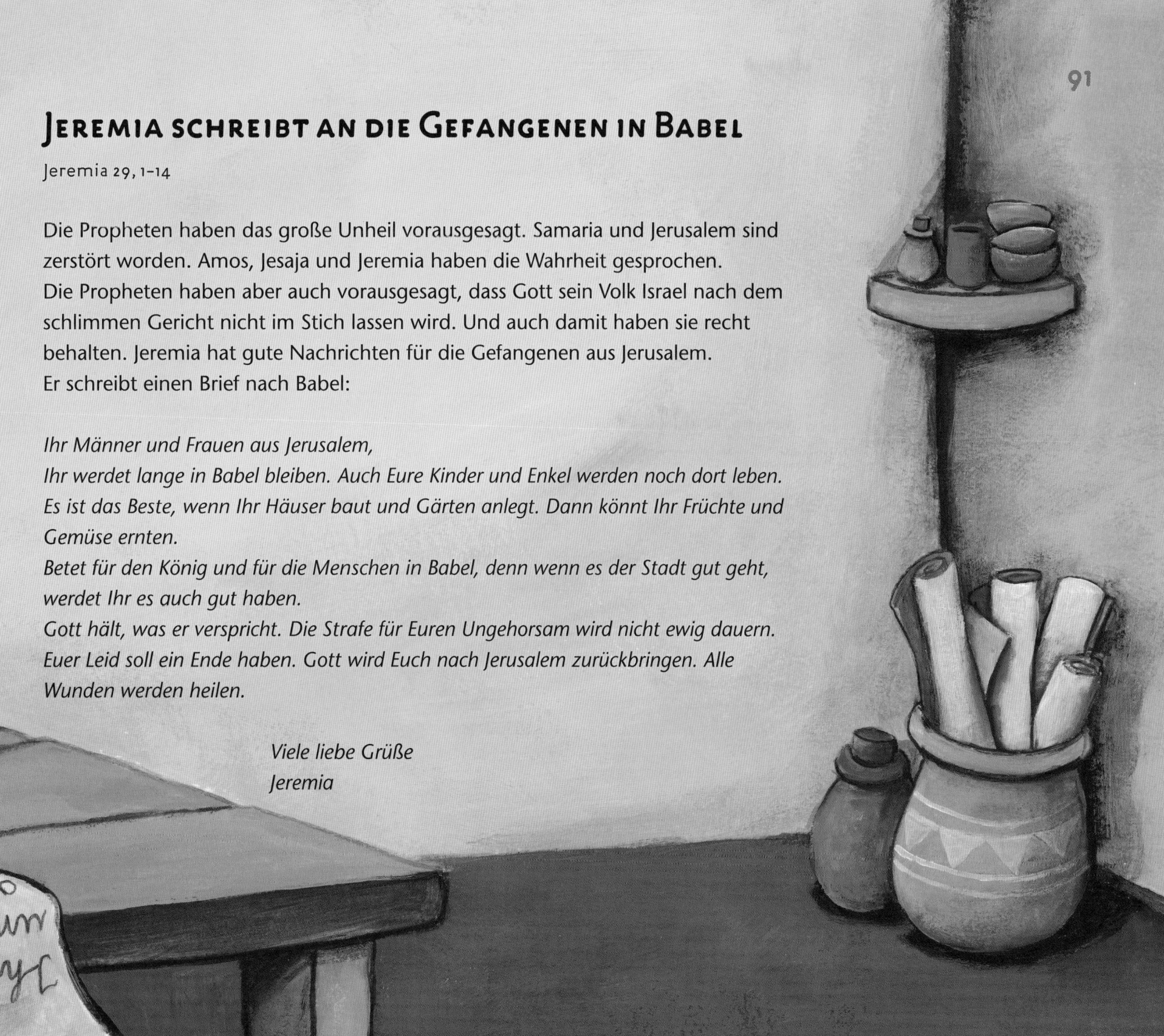

DANIEL WIRD DEN LÖWEN VORGEWORFEN

Daniel 6, 1–24.29

Die Soldaten der Babylonier sind stark. Aber die Soldaten der Perser sind stärker. Die Perser besiegen die Babylonier. Von diesem Tag an geht es den Gefangenen aus Jerusalem besser. Die Perser behandeln sie gut.

Daniel ist einer von den Gefangenen. Wie seine Eltern und seine Großeltern gehorcht er den Geboten Gottes. Der König der Perser macht Daniel zum Minister. Daniel ist klüger als alle anderen. Deshalb soll er der erste Mann nach dem König werden.

Ein paar Männer sind neidisch auf Daniel. Sie wollen ihm eine Falle stellen. Sie sagen zum König: »Großer König! Nur du sollst in deinem Reich angebetet werden. Wer zu einem anderen betet, muss sterben. Dieses Gesetz soll von heute an gelten.«

Der König unterschreibt das Gesetz. Alle halten sich daran. Nur Daniel hält sich nicht daran. Dreimal am Tag kniet er nieder und betet laut zu seinem Gott.

Darauf haben die neidischen Männer nur gewartet. Sie zeigen Daniel an. Der König möchte Daniel verschonen. Aber die anderen sagen giftig: »Gesetz ist Gesetz. Wir Perser halten die Gesetze. Deshalb muss Daniel sterben.«

Daniel wird in eine Grube geworfen. In der Grube sind hungrige Löwen. Der König ist traurig. In der Nacht kann er nicht schlafen. Bevor die Sonne aufgeht, eilt er zur Löwengrube und ruft: »Daniel! Daniel!«

Da hört er von unten Daniels Stimme. »Großer König! Mach dir keine Sorgen. Gott hat einen Engel geschickt. Der hat mich beschützt.«

Dem König fällt ein Stein vom Herzen. Er lässt Daniel aus der Grube ziehen und macht ihn zum mächtigsten Minister in seinem Reich.

DANIEL BITTET GOTT UM VERGEBUNG FÜR SEIN VOLK

Daniel 9, 4–24

Daniel hat den ganzen Tag nichts gegessen. Am Abend schließt er sich in einem kleinen Zimmer in seinem Haus ein und betet: »Großer und heiliger Gott, ich weiß, dass du mich hörst. Unser Volk hat unrecht getan. Wir müssen uns schämen. Wir haben andere Götter angebetet. Deine Gebote haben wir nicht gehalten. Und auf die Propheten haben wir nicht gehört. Deshalb hat uns großes Unglück getroffen. Jerusalem und der Tempel sind zerstört. Wir haben die Strafe verdient. Doch ich bitte dich: Sei nicht länger böse auf uns. Vergib uns, großer Gott. Sei wieder freundlich zu uns. Wir sind doch deine Kinder.«

Daniel betet noch. Da steht der Engel Gabriel neben ihm. Er spricht: »Gott hat dein Gebet erhört. Die Gefangenschaft geht zu Ende. Bald wird Jerusalem wieder aufgebaut. Auch der Tempel wird neu gebaut. Gott hat für alles einen Plan. Er hat den Tag schon bestimmt, an dem ihr in euere Heimat ziehen dürft.«

Ester wird Königin und rettet die Juden

Buch Ester

Ester ist jung und schön. Sie gefällt dem König mehr als alle anderen jungen Frauen. Er heiratet sie. So wird Ester die Königin.

Die Menschen aus Juda und aus Judas Hauptstadt Jerusalem werden bei den Persern Juden genannt. Ester ist eine Jüdin. Haman, ein hoher Beamter am Hof des Königs, hat einen Hass auf die Juden. Er will sie vernichten. Die Juden leben in großer Angst. Sie klagen und weinen und bitten Gott um Hilfe.

Ester denkt sich einen Plan aus. Sie lässt die Lieblingsspeise des Königs zubereiten. Zum Essen gibt es den besten Wein. Der König freut sich. Er sagt: »Ester, du darfst dir etwas wünschen. Ich erfülle dir jeden Wunsch.«

Ester antwortet: »Ich wünsche nur eins. Ich will am Leben bleiben, ich und alle anderen Juden. Aber Haman will uns vernichten.«

Der König wird zornig, als er das hört. Er lässt Haman verhaften und an den Galgen hängen. Die Juden sind gerettet.

Die Juden feiern den Tag ihrer Rettung bis heute und danken Gott dafür. Alle freuen sich an diesem Tag. Und die Kinder bekommen kleine Geschenke.

DER TEMPEL WIRD NEU GEBAUT

Esra 1, 1–11 und 3, 8–13

Die Juden im Perserreich jubeln. Boten von König Kyrus reiten auf schnellen Pferden durchs Land und rufen laut: »Die Gefangenen aus Jerusalem dürfen in ihre Heimat zurück.«

Dem Schatzmeister gibt Kyrus die Anweisung: »Gib den Juden alle Schätze mit, die die Babylonier aus Jerusalem fortgenommen haben. Schalen und Becher und Leuchter aus Gold und Silber, die kostbaren Priestermäntel und allen Schmuck. Auch die Rollen mit den heiligen Schriften aus Papier und feinem Leder dürfen sie mit nach Hause nehmen.«

Eine Familie nach der anderen kehrt nach Jerusalem zurück. König Kyrus schenkt ihnen Geld, dass sie die Stadt und den Tempel neu aufbauen können.

Zuerst müssen die Trümmer weggeräumt werden. Dann bauen sie kleine Hütten, in denen sie wohnen und schlafen können. Doch vor allem anderen wollen die Juden wieder einen Tempel haben. Nur die Bundeslade gibt es nicht mehr. Die ist für immer verbrannt.

Bald wird mit dem Bau des Tempels begonnen. Männer, Frauen und Kinder tanzen auf den Straßen. Priester blasen auf ihren Trompeten.

Die Priester prüfen und messen alles nach. Die Maße für das Haus Gottes sind genau aufgeschrieben. So und nicht anders soll es gebaut werden.

Viele Menschen weinen vor Freude. Sie singen in der ganzen Stadt: »Gott bleibt uns treu. Seine Güte hat kein Ende. Er vergibt uns unsere Schuld und hilft uns jeden Morgen neu.«

Geschichten aus dem Neuen Testament

In einem Stall bringt Maria ein Kind zur Welt

Der Engel Gabriel gibt Zacharias ein Zeichen

Lukas 1, 5–22

Zacharias verlässt sein schönes Haus. Eine Straße führt nach Jerusalem hinauf. Er geht zum Tempel. Er ist Priester. Unterwegs denkt er: ›Wie traurig, dass ich kein Kind habe. Aber ich bin schon alt. Elisabet, meine Frau, ist auch alt. Wir könnten längst Großvater und Großmutter sein. Großeltern bekommen keine Kinder mehr.‹ Die Arbeit im Tempel kennt Zacharias gut. Auf einem Altar am Eingang verbrennt er Weihrauchkörner. Er riecht das gern. Da sieht er rechts neben dem Altar eine Gestalt. Er erschrickt.

Der Unbekannte sagt: »Du musst dich nicht fürchten. Ich habe eine gute Nachricht für dich. Bald werdet ihr ein Kind haben, du und Elisabet. Es wird ein Junge sein. Ihr sollt ihn Johannes nennen.«

»Das kann doch gar nicht sein«, ruft Zacharias erstaunt. »Ein Kind in unserem Alter. Das ist unmöglich. Woran soll ich erkennen, dass du die Wahrheit sprichst?« Der Fremde antwortet: »Warum glaubst du nicht, was ich sage? Ich bin der Engel Gabriel. Gott hat mich zu dir geschickt. Aber du sollst ein Zeichen haben. Von jetzt an wirst du stumm sein bis zu dem Tag, an dem euer Kind geboren wird.«

Draußen vor dem Tempel stehen viele Menschen. Sie warten auf Zacharias und wundern sich, weil er so lange nicht kommt. Endlich sehen sie ihn oben auf der steilen Treppe, die zum Altar hinaufführt. Er kann ihnen nichts erklären. Stumm winkt er, dass sie nach Hause gehen sollen.

Zacharias kann wieder sprechen

Lukas 1, 57–66

Fast ein Jahr ist vergangen. Da bekommt Elisabet einen Sohn. Freunde und Verwandte besuchen sie in ihrer Wohnung. Sie freuen sich über das kleine Kind. Sie wollen wissen, wie es heißen soll.

»Johannes«, sagt Elisabet.

»Aber das geht doch nicht«, rufen alle durcheinander. »So heißt doch niemand in eurer Familie. Warum nennt ihr ihn nicht nach seinem Vater?« Kopfschüttelnd gehen sie zu Zacharias. »Wie wirst du deinen Sohn nennen?«, fragen sie.

Zacharias lässt sich eine kleine Tafel bringen. Darauf schreibt er deutlich: »Johannes«.

Von diesem Moment an kann er wieder sprechen.

Alle wundern sich. Sie flüstern leise: »Vielleicht wird das einmal ein ganz besonderes Kind.« Aber Zacharias betet laut: »Danke, Gott.«

Der Engel Gabriel kommt zu Maria

Lukas 1, 26–38.46–48

Maria wohnt in Nazaret. Nazaret ist eine Stadt in Galiläa. Maria ist eine junge Frau. Sie ist verlobt mit Josef, dem Zimmermann. Ihn wird sie einmal heiraten. Plötzlich steht ein Engel vor ihr. Es ist Gabriel. Er grüßt sie freundlich und sagt: »Gott ist mit dir.« Maria fürchtet sich.

Der Engel sagt: »Du brauchst keine Angst vor mir zu haben. Gott hat dich ganz besonders lieb. Er hat einen großen Plan. Und du sollst ihm dabei helfen. Du wirst ein Kind zur Welt bringen. Das sollst du Jesus nennen. Das Kind wird ein mächtiger König werden, der Herr der ganzen Welt.« Maria erschrickt noch mehr. »Wie soll das zugehen«, fragt sie, »ich bin ja gar nicht verheiratet.«

Der Engel beruhigt sie: »Du kennst Elisabet. Sie ist deine Kusine. Auch sie wird bald ein Kind bekommen. Dabei ist sie schon sehr alt. Weißt du, Gott kann alles machen. Für ihn ist nichts unmöglich.« Maria sagt:

»Alles soll geschehen, wie Gott es will.« Als sie wieder allein ist, betet sie: »Gott, ich freue mich und ich danke dir. Ich bin nur eine kleine, unbekannte Frau. Aber bald werden die Menschen darüber staunen, was du für mich getan hast. Du machst mich groß. Und alle Welt wird einmal davon erzählen.«

Jesus wird geboren

Lukas 2, 1–7

Augustus ist ein mächtiger Herr. Er ist der Kaiser von Rom. Seine Soldaten sind in vielen Ländern der Erde unterwegs. Um sie zu bezahlen, braucht der Kaiser Geld. Deshalb sagt er: »Jeder, der in meinem Reich lebt, muss Steuern zahlen. Wer viel Geld oder ein großes Haus oder ein großes Grundstück hat, bezahlt mehr als einer, der wenig hat.« Die Beamten des Kaisers müssen alles in Listen eintragen, was einer besitzt.

Josef, der mit Maria verlobt ist, hat Äcker und Wiesen in Betlehem. Seine Familie hat einmal dort gelebt. Aber das ist lange, lange her. Josef ist in Nazaret zu Hause. Jetzt muss er sich auf eine weite Reise machen, um seine Äcker und Wiesen aus-messen zu lassen. So hat es der Kaiser Augustus befohlen. Maria geht mit ihm. Die Reise ist anstrengend. Zuletzt geht es steil bergauf. Maria spürt ihr Kind. Bald wird es auf die Welt kommen. Aber wo? In ganz Betlehem ist kein Zimmer frei. Es wird schon dunkel.

Schließlich finden sie einen Stall für die Nacht. Tiere sind da, Heu und Stroh. Hier wird Jesus geboren. Josef legt Stroh in die Futterkrippe und weiches Heu. Maria breitet ein Tuch darüber. Sie legt ihren kleinen Sohn in die Krippe und deckt ihn warm zu.

HIRTEN FINDEN DAS KIND IN DER FUTTERKRIPPE

Lukas 2, 8–20

Nahe bei Betlehem sind Hirten auf dem Feld. Sie halten Wache bei ihren Schafherden. Es ist Nacht. Plötzlich wird die Nacht hell wie der Tag. Ein Engel steht bei den Hirten. Sie erschrecken.

Aber der Engel sagt: »Fürchtet euch nicht. Gott will euch eine große Freude machen. Er schickt den Heiland. Der soll euch und alle Menschen retten. Heute ist er geboren. Er ist der König und Herr der ganzen Welt. Und das ist das Zeichen für euch: Er liegt als Kind in einer Futterkrippe. Dort werdet ihr ihn finden.«

Bald sind ganz viele Engel da auf dem Feld. Sie singen laut: »Ehre sei Gott im Himmel und Frieden auf der Erde. Gott ist gut zu den Menschen.«

Die Hirten rufen durcheinander: »Kommt, lasst uns nach Betlehem gehen. Wir wollen sehen, was dort geschehen ist.« Schnell rennen sie los.

Schon haben sie den Stall gefunden. Sie sehen Maria und Josef und das Kind in der Krippe.

Überall erzählen sie, was der Engel von dem Kind gesagt hat. Die Menschen in Betlehem wundern sich über die Geschichte der Hirten. Maria hört nur zu. Sie merkt sich alles und denkt still darüber nach.

AM HIMMEL STRAHLT EIN NEUER STERN

Matthäus 2, 1–8

Weit entfernt von Betlehem, im Osten, da wo die Sonne aufgeht, leben drei Männer. Die Männer sind Sternforscher. Man nennt sie die drei Weisen. Jeden Abend beobachten sie den Lauf der Sterne.

Plötzlich hat einer von ihnen etwas entdeckt. Er winkt die Freunde herbei: »Ich sehe einen Stern, heller als alle anderen Sterne.« Die beiden anderen staunen: »Der war noch nie am Himmel.« Sie wissen, was das Zeichen zu bedeuten hat. Der Stern zeigt die Geburt eines Königs an.

Früh am Morgen lassen sie die Kamele für eine lange Reise packen. Sie wollen den König suchen. Der Stern führt sie nach Jerusalem. Hier steht der Palast von Herodes. »Wo ist der neue König geboren?«, fragen sie. »Wir haben seinen Stern gesehen.«

Herodes erschrickt. »Ich bin doch König, ich und sonst niemand«, sagt er leise. Er will ganz genau wissen, was an der Geschichte dran ist. Die klügsten Männer in seinem Reich sollen herausfinden, wo der neue König ist. Sie suchen in alten Büchern.

Da ruft einer: »Nicht zu glauben. In dem kleinen Ort Betlehem soll der König aller Könige zur Welt kommen. Hier steht es im Buch des alten Propheten Micha.«

Herodes sagt zu den drei Weisen: »Geht nach Betlehem. Sucht das Kind. Gebt mir sofort Bescheid, wenn ihr es gefunden habt. Dann komme ich auch und will ihm Geschenke bringen.« Herodes ist böse und listig. In Wirklichkeit will er das Kind umbringen.

DER STERN WANDERT NACH BETLEHEM

Matthäus 2, 9–15 und 19–23

Die drei Weisen ziehen fort. Von Jerusalem nach Betlehem ist es nicht weit. Der Stern leuchtet ihnen. Über dem Stall bleibt er stehen.

Die Männer sehen Maria und Josef. Sie sehen das Kind in der Krippe. Hocherfreut fallen sie vor ihm nieder wie vor einem mächtigen König. Sie schenken ihm Gold, Weihrauch und Myrrhe.

Im Traum sehen sie einen Engel. Der warnt sie: »Geht nicht wieder zu Herodes. Der will das Kind töten.« Auf dem Heimweg kehren sie nicht mehr nach Jerusalem zurück. Den Palast von Herodes sehen sie nur in weiter Ferne.

Auch zu Josef kommt der Engel. »Nimm Maria und das Kind«, spricht er zu ihm. »Ihr sollt nach Ägypten fliehen. Dort seid ihr vor Herodes sicher.« Es ist noch dunkel. Da bricht Josef auf.

Er bleibt in Ägypten, bis er hört, dass Herodes gestorben ist. Dann zieht er mit Maria und Jesus nach Nazaret, wo sie zu Hause sind.

MARIA UND JOSEF SUCHEN JESUS

Lukas 2, 41–52

Das Passahfest ist ein großes Fest für die Juden. Jahr für Jahr danken sie Gott dafür, dass er Mose und das Volk Israel aus der Gefangenschaft in Ägypten befreit hat. Viele Familien feiern das Fest in Jerusalem. Auch Maria und Josef gehen jedes Jahr nach Jerusalem. Jesus darf mit ihnen gehen. Er ist jetzt schon zwölf, groß genug für die lange Reise. Verwandte und Nachbarn begleiten sie.

Sie feiern eine Woche lang. Dann macht sich die Gruppe auf den Heimweg nach Nazaret. Maria und Josef sehen Jesus nicht. Sie vermuten, er sei schon mit seinen Freunden vorausgegangen. Erst am Abend merken sie, dass er fehlt. ›Hoffentlich ist ihm nichts passiert‹, denken sie. Schnell laufen sie nach Jerusalem zurück, um ihr Kind zu suchen.

Sie finden Jesus im Tempel. In einer Halle mit vielen Säulen sitzt er mitten unter Männern mit langen Bärten. Die haben studiert und kennen die Bücher von Mose und von den Propheten. Jesus spricht mit ihnen. Er stellt Fragen und antwortet auf die Fragen der Älteren. Sie staunen, was der Zwölfjährige schon alles weiß und versteht.

Maria nimmt Jesus zur Seite und sagt: »Wie konntest du uns das antun? Dein Vater und ich, wir haben uns große Sorgen um dich gemacht.«

Jesus antwortet: »Warum habt ihr nach mir gesucht? Wisst ihr nicht, dass ich im Tempel zu Hause bei meinem Vater bin?« Maria und Josef verstehen nicht, was er damit meint. Doch Maria denkt über die Worte von Jesus noch lange nach.

Jesus wird älter und größer und lernt viel. Josef und Maria haben viel Freude an ihrem Sohn und alle in Nazaret haben ihn gern.

Jesus lässt sich von Johannes taufen

Matthäus 3, 1–17

In allen Städten und Dörfern erzählen die Leute von Johannes, dem Sohn von Elisabet und dem Priester Zacharias.

Johannes hat kein Haus. Er lebt in der Wüste und am Jordan. Sein Mantel ist das Fell von einem Kamel. Das bindet er mit einem Gürtel aus Leder zusammen. Was er zum Essen braucht, findet er in der Wüste. Meistens isst er nur Heuschrecken und wilden Honig.

Johannes erzählt von Gott. Viele Menschen kommen und wollen ihn hören.

Er sagt: »Gott kommt zu euch. Er ist schon ganz nah. Deshalb müsst ihr euer Leben ändern. Alles, was hässlich und schlecht ist, muss fort, so wie man Schmutz mit Wasser abwäscht. Ich taufe euch im Jordan. Denkt an den Schmutz, der fort muss, wenn ich euch im Wasser untertauche.« Viele lassen sich taufen. Sie wollen ein neues Leben anfangen.

Jesus ist jetzt schon ein erwachsener Mann. Er kommt an den Jordan und hört, was Johannes sagt. Auch er will sich taufen lassen wie die anderen.

Doch Johannes wehrt ab: »Nein! Ich müsste mich eher von dir taufen lassen.« Jesus antwortet: »Tu das, was ich dir sage. Gott will es so haben.« Da taucht Johannes Jesus im Jordan unter und tauft ihn.

Jesus steigt aus dem Fluss. Über sich am Himmel sieht er etwas leuchtend Helles. Es schwebt direkt auf ihn zu wie eine Taube. Jesus weiß: Das ist ein Zeichen von Gott. Und er hört eine Stimme: »Du gehörst zu mir. Du bist mein Sohn. Ich habe große Freude an dir.«

Jesus erzählt von Gott und hilft den Menschen

In Kana wird eine Hochzeit gefeiert

Johannes 2, 1–12

In Galiläa ist Jesus zu Hause. Hier kennt er sich aus. Er kennt die sanften Hügel und die hohen Berge. Er kennt den großen See, den See Gennesaret. Mitten durch den See fließt der Jordan.

Auf einem Hügel liegt das Dorf Kana. Hier wird Hochzeit gefeiert. Jesus ist eingeladen. Maria, seine Mutter, Freunde und Nachbarn sind dabei. Die Stadt Nazaret, wo die Familie von Jesus lebt, ist nicht weit.

Die Gäste sind fröhlich und gut gelaunt. Der Speisemeister sorgt für Essen und Trinken. Doch plötzlich macht er ein besorgtes Gesicht. Er winkt den Bräutigam beiseite.

»Der Wein ist ausgegangen. Was sollen wir tun?«

Maria hört die beiden. Sie flüstert ihnen zu: »Macht alles, was Jesus sagt.«

In der Nähe stehen sechs dicke hohe Wasserkrüge. Jesus ruft den Dienern zu: »Füllt alle Krüge mit Wasser bis zum Rand.« Dann sagt er: »Bringt dem Speisemeister einen Becher und lasst ihn trinken.«

Der Speisemeister schüttelt verwundert den Kopf. »War nicht Wasser in den Krügen? Das ist ja Wein. So einen guten Wein habe ich noch nie getrunken.«

Die Gäste merken nichts davon. Sie lassen sich fröhlich weiter einschenken. Aber der Speisemeister sagt leise zum Bräutigam: »Das haben wir allein Jesus zu verdanken. Wo Jesus hinkommt, kommt die Freude mit, riesengroße Freude.«

Jesus findet gute Freunde

Lukas 5, 1–11

Jesus kommt zum See Gennesaret. Zwei Boote liegen am Ufer. Die Fischer sind ausgestiegen. Mit geschickten Fingern waschen sie die Netze aus. Die Männer heißen Simon und Andreas, Jakobus und Johannes. Simon wird auch Petrus genannt.

Jesus sagt zu Petrus: »Bitte, rudere mit mir ein paar Meter auf den See hinaus. Hier sind so viele Menschen. Wenn ich vom See aus spreche, können sie mich besser verstehen.« Die Leute hören zu. Dann ist Jesus mit den Fischern allein.

Er spricht zu Petrus: »Wirf jetzt dein Netz aus.« Aber Petrus antwortet: »Ach Herr, ich habe es schon die ganze Nacht versucht. Doch ich habe keinen einzigen Fisch gefangen. Aber gut, weil du es sagst, versuche ich es noch einmal.«

Er wirft das Netz in weitem Bogen in das Wasser. Bald ist es so schwer, dass er es kaum noch herausziehen kann. Die anderen kommen mit ihrem Boot zu Hilfe. Petrus erschrickt. ›Wer ist der Fremde in meinem Boot?‹ Es ist ihm unheimlich zumute.

Jesus beruhigt ihn: »Du brauchst keine Angst zu haben. Bis jetzt hast du Fische gefangen. Heute bekommst du eine neue Aufgabe. Du sollst mit mir in Städte und Dörfer gehen und die Herzen von Männern, Frauen und Kindern für Gott gewinnen.« Von diesem Tag an sind Jesus, Petrus, Andreas, Jakobus und Johannes enge Freunde.

Jesus kommt in das Haus von Petrus

Markus 1, 29–34

Jesus geht mit seinen Freunden in Kafernaum in die Synagoge. Die Synagoge ist ein großes Haus mit vielen Säulen. Hier feiern die Juden Gottesdienst. Heute ist der Sabbat, der Feiertag der Juden.
In einem kostbar verzierten Schrank sind die Heiligen Schriften aufbewahrt. Worte von Mose und den Propheten sind auf lange Rollen aus feinem Leder oder Papier geschrieben. Reihum erklären die Männer, was diese Worte bedeuten.
Jetzt spricht Jesus. Die Menschen staunen. Alle sind einer Meinung: »So hat uns noch niemand erklärt, was in den Heiligen Schriften steht.«
Nach dem Gottesdienst geht Jesus mit Petrus nach Hause. Der Weg von der Synagoge ist nicht weit. Doch im Haus sind alle sehr leise. Die Frau von Petrus weint. Ihre Mutter, die bei ihnen wohnt, ist seit Tagen schwer krank. Sie hat eine heiße Stirn und hohes Fieber.
Jesus geht ans Bett der Kranken. Er nimmt ihre Hand und richtet die Frau auf. Kaum hat er sie angefasst, ist das Fieber weg. Sie ist wieder gesund und kann aufstehen. Sofort bindet sie eine Schürze um und bringt Jesus und seinen Freunden Brot und frisches Wasser, Datteln und Feigen.
Die Geschichte verbreitet sich schnell in der Stadt. Es ist Abend. Die Sonne über dem See Gennesaret ist schon untergegangen. Da kommen Nachbarn und Bekannte aus allen Gassen und Häusern. Viele Kranke sind darunter. Auch Menschen, die im Kopf verwirrt sind. Man sagt von ihnen: ›Die sind von einem bösen Geist besessen.‹
Jesus spricht mit den Kranken. Denen, die man Besessene nennt, legt er die Hand auf den Kopf. Vielen Menschen kann er helfen.

EIN GELÄHMTER MANN KANN WIEDER GEHEN

Markus 2, 1–12

Viele Menschen aus Kafernaum wollen Jesus hören. Heute ist das Gedränge besonders groß. Aus einer Gasse eilen noch vier Männer herbei. Sie tragen eine Bahre auf den Schultern. Darauf liegt ihr Freund. Er kann nicht gehen. Seine Beine sind gelähmt.

Der Weg zu Jesus ist total versperrt. Da steigen die vier mit ihrer Last auf das flache Dach. Sie hacken die Lehmschicht auf. Unter dem Lehm liegen Zweige über den Holzbalken. Mit ihren Händen reißen sie die Zweige auseinander. Bald ist ein Loch im Dach, so groß, dass sie die Bahre an Stricken hinunterlassen können. Jetzt liegt der Kranke direkt vor den Füßen von Jesus. Die vier Männer vertrauen fest darauf, dass Jesus ihrem Freund helfen wird. Jesus sagt zu dem Kranken: »Hab nur Mut. Deine Sünden sind dir vergeben.«

Unter den Zuhörern sind auch Schriftgelehrte. Die kennen die alten Bücher von Mose und von den Propheten ganz genau. Einer von den Schriftgelehrten ruft empört: »›Dir sind deine Sünden vergeben.‹ Das ist ja unglaublich! Sünder halten sich nicht an die Gebote Gottes. Deshalb kann allein Gott Sünden vergeben. Hält dieser Jesus sich vielleicht für Gott? So eine Frechheit. Man sollte ihn bestrafen.«

Jesus sagt ruhig: »Ihr sollt sehen, dass Gott hinter mir steht.« Er wendet sich dem Kranken zu und spricht: »Steh auf. Du kannst gehen.« Der Mann richtet sich auf. Er steht fest auf beiden Beinen. Seine Bahre nimmt er auf den Rücken und trägt sie fort. Die Menschen in der Menge staunen und rufen: »So etwas hat es noch nie gegeben!«

DIE PHARISÄER WOLLEN JESUS ANZEIGEN

Markus 2, 23–28 und 3, 1–6

Wieder ist Sabbat. Jesus geht mit seinen Freunden zur Synagoge. Der Weg führt durch ein Kornfeld. Sie pflücken ein paar Ähren ab und essen die Körner.
Einige Männer beobachten sie. Diese Männer sind sehr fromm. Was Mose gesagt hat, ist ihnen heilig. Sie halten sich streng an jedes Gebot. Mit Leuten, die es mit dem Gesetz nicht so genau nehmen, wollen sie nichts zu tun haben. Man nennt sie Pharisäer. Das heißt: ›Die, die sich von anderen fernhalten.‹
Die Pharisäer stellen Jesus zur Rede. »Siehst du nicht, was deine Freunde tun? Am Sabbat darf man nicht arbeiten. Da darf man auch keinen Weizen ernten.«
Jesus antwortet: »Wenn sie hungrig sind, dürfen sie essen. Gott hat den Menschen den Feiertag geschenkt, dass sie sich freuen können. Er will ihnen das Leben mit seinem Geschenk doch nicht schwer machen.«
In der Synagoge treffen sie einen Mann.

Seine Hand sieht vertrocknet aus. Die Finger sind krumm. Er kann sie nicht bewegen. Jesus führt den Mann nach vorn. Er zeigt auf die kranke Hand und fragt die Pharisäer: »Ist es auch verboten, am Feiertag Gutes zu tun? Was meint ihr?« Die Pharisäer bleiben stumm. Man sieht ihnen an, dass sie böse auf Jesus sind.
Jesus ist traurig. Er denkt: ›Darf ich anderen nicht helfen, nur weil Sabbat ist? Gott würde sich bestimmt nicht freuen, wenn ich dem Kranken nicht helfe.‹ Er fordert ihn auf: »Streck deine Hand aus.« Alle sehen es: Der Mann kann seine Hand wieder bewegen. Er ist geheilt.
Die Pharisäer gehen hinaus. Ihr Entschluss steht fest: »Wir müssen Jesus anzeigen. Er ist schuldig.«

ALLE WOLLEN JESUS HÖREN

Matthäus 5, 1–16 und Lukas 8, 1–3

Am Ufer vom See Gennesaret ist ein Berg. Kafernaum ist nicht weit. Jesus steigt gern auf den Berg. Hier hat er Ruhe. Hier kann er still für sich beten. Doch heute ist es anders. Viele Menschen sind ihm gefolgt. Sie wollen, dass er ihnen von Gott erzählt. Jesus ruft laut, sodass ihn alle verstehen können:

»Freut euch! Den Ärmsten schließt Gott die Tür zum Himmel auf. Niemand muss draußen bleiben.
Freut euch! Alle, die traurig sind, wird Gott trösten wie eine Mutter ihr Kind tröstet.
Freut euch! Alle, die freundlich zu anderen sind, wird Gott belohnen.
Freut euch! Alle, die nach Gerechtigkeit rufen, wird Gott erhören.
Freut euch! Allen, die den Armen helfen, wird Gott helfen.
Freut euch! Alle, die Streit schlichten, sind Gottes Kinder.
Freut euch! Alle, die ausgelacht und gequält werden, haben Gott zum Freund.«

Dann schaut Jesus seine Freunde an und sagt: »Ihr seid das Licht in der Welt. Wo ihr seid, soll es hell und freundlich werden. Alle Menschen werden das sehen und Gott dafür loben.«

Jetzt hat Jesus schon zwölf Freunde. Für sie ist Jesus wie ein Meister oder Lehrer. Deshalb nennt man die Freunde auch Schüler oder Jünger. Später erzählen die Jünger vielen Menschen weiter, was sie bei Jesus gehört und gesehen haben.
Auch Frauen schließen sich Jesus an. Sie heißen Maria, die aus dem Ort Magdala kommt, Johanna und Susanna.

Die Menschen in Nazaret schicken Jesus fort

Markus 6, 1–6

Alle in Nazaret kennen Jesus gut. Hier hat er als Kind gelebt. Hier hat er mit seinen Brüdern und Schwestern gespielt. Viele denken noch gern an diese Zeit.
Doch in der Synagoge gibt es Ärger. Jesus lässt sich die schwere Schriftrolle geben. Er liest einen Abschnitt und fängt an zu predigen. Da wird es laut in dem hohen Raum. »Was bildet der sich ein? Weiß der denn mehr über Gott als unsere alten Lehrer?«, ruft einer.
»Der hat doch gar nicht gelernt, wie man predigt«, hört man eine andere Stimme.

»Wir kennen ihn doch«, schreit jemand dazwischen, »er ist der Sohn von Maria. Seine Geschwister wohnen hier. Sein Vater war Zimmermann. Er hat ihm oft bei der Arbeit geholfen. Und jetzt will er den großen Propheten spielen.«
Sie ärgern sich über ihn. Sie wollen nichts mehr mit ihm zu tun haben und schicken ihn fort.
Jesus wundert sich und ist traurig. Warum trauen ihm die Leute in Nazaret so wenig zu? Er kann hier niemandem helfen und niemanden heilen. Enttäuscht verlässt er die Stadt und geht an einen anderen Ort.

Ein römischer Hauptmann bittet Jesus um Hilfe

Lukas 7, 1–10

In Kafernaum lebt ein römischer Hauptmann. Er hat einen Diener. Den hat er so lieb wie einen eigenen Sohn. Doch der Diener ist krank, todkrank. Da wird dem Hauptmann berichtet: »Jesus ist wieder in der Stadt.«

Der Römer lässt zwei angesehene Männer aus Kafernaum rufen. »Ich habe eine Bitte an euch«, sagt er. »Geht zu Jesus. Fragt ihn, ob er meinen Diener gesund machen kann. Ich habe nicht den Mut, selbst zu ihm zu gehen. Ich bin ja kein Jude wie ihr und wie Jesus.«

Die beiden finden Jesus. Sie erklären ihm: »Der Hauptmann hat schon viel Gutes für uns getan. Er hat uns sogar Geld für die Synagoge gegeben. Bitte hilf ihm.«

Jesus folgt den Männern zu einem vornehmen Haus. Der Hauptmann schickt seinen Freund heraus und lässt Jesus ausrichten: »Erspar dir die Mühe, die Treppe zu meiner Tür hochzusteigen. Wenn ich einem Soldaten sage: ›Tu das‹, dann tut er's. Nicht anders ist es bei dir. Du brauchst nur ein Wort zu sagen, dann ist mein Diener gesund.«

Jesus ist erstaunt. Er sagt: »So fest wie der römische Hauptmann hat mir noch keiner vertraut.«

Der Freund geht zurück in das Haus. Schon auf der Treppe kommt ihm der Diener entgegen. Er ist gesund.

Sogar der Wind gehorcht Jesus

Markus 4, 35–41

Es ist Abend in Kafernaum. Jesus will ans andere Seeufer fahren. Er ist müde. Hinten im Boot findet er Platz zum Schlafen. Sein Kopf liegt auf einem Kissen.

Da kommt ein Sturm auf. Die Jünger haben furchtbare Angst.

So einen Wind haben sie noch nie erlebt. Wellen klatschen an die Bootswand. Wasser spritzt in das Schiff.

Die Jünger rudern mit voller Kraft. Doch das Boot dreht sich im Kreis.

Sie rütteln Jesus wach. Sie schreien laut: »Meister, wir ertrinken. Merkst du gar nicht, was hier los ist?«

Jesus steht auf. Er streckt die Hand gegen den Sturm aus. Er ruft in das Toben hinein: »Ruhe! Es ist genug!« Schon ist es still. Kein Lüftchen regt sich. Auf dem Wasser sind nur noch leichte Wellen zu sehen.

Jesus wendet sich den Jüngern zu: »Warum habt ihr solche Angst? Habt ihr noch immer kein Vertrauen zu mir?«

Wieder einmal fragen sich die Freunde: »Wer ist dieser Jesus? Sogar der Wind und das Meer hören auf sein Wort.«

Zwischen Gräbern haust ein wilder Mann

Markus 5, 1–20

Kafernaum ist nicht mehr zu sehen. Das Boot mit Jesus erreicht das steile Ufer an der anderen Seeseite. Sie gehen an Land. In der Nähe sind Hirten. Sie hüten Schweine.

Weiter hinten erkennt man Gräber in Felsenhöhlen. Zwischen den Gräbern bewegt sich ein Mann. Er blickt wild um sich. Die Haare fallen wirr auf seine Schultern. Er hat kaum etwas an, nur Lumpen und Fetzen. »Der hat Kraft«, schreit ein Hirte. »Er zerreißt sogar Ketten. Man kann ihn nicht halten. Der hat den Teufel im Leib.«

»Den Teufel?«, ruft ein anderer. »Der hat so viele Teufel, wie wir Schweine haben. Nehmt euch in Acht!«

Jesus wird zornig. Warum müssen böse Geister den armen Mann so quälen? Er befiehlt laut: »Fort mit euch! Lasst den Menschen in Frieden.« Da stürzen sich die Teufel auf die Schweine.

Und die Schweine stürzen über die Felsen den Abhang hinunter direkt in den See.

Die Hirten rennen entsetzt davon. Sie erzählen in der Stadt, was passiert ist. Ein paar Freunde gehen mit ihnen zurück auf das Feld. Alle kennen den wilden Mann von den Gräbern. Jetzt sehen sie ihn und staunen. Friedlich sitzt er neben Jesus. Er ist gesund.

Die Leute aus der Stadt fragen: »Woher hat dieser Jesus solche Macht?« Keiner weiß die Antwort. Sie fürchten sich. Sie bitten Jesus, fortzugehen.

Der Mann, den er von den bösen Geistern befreit hat, will ihn begleiten. Aber Jesus sagt zu ihm: »Geh heim in dein Haus. Sag allen weiter, wie Gott dir geholfen hat.«

Jesus hat Brot für alle

Markus 6, 30–44 und Matthäus 6, 25.26

Jesus zieht sich mit seinen Freunden in eine einsame Gegend zurück. Sie wollen ausruhen. Aber die Leute in den Städten und Dörfern am See entdecken schnell, wohin das Boot gefahren ist. Ganze Scharen ziehen zu Fuß am Ufer entlang. Es dauert nicht lange, da finden sie Jesus. »Wir wollen mehr vom Reich Gottes hören«, rufen sie laut.

Jesus predigt: »Ihr dürft euch keine Sorgen machen. Schaut die Vögel am Himmel an: sie säen nicht, sie ernten nicht, sie sammeln keine Vorräte in der Scheune; und euer Vater im Himmel lässt sie doch genug Futter finden.«
Immer mehr Menschen kommen dazu. »Jetzt sind es bald 5000«, sagt Andreas zu Jakobus. Jesus

predigt noch immer. Langsam wird es dunkel. Andreas flüstert Jesus ins Ohr: »Schick die Leute nach Hause. Hier gibt es keinen Laden und keinen Bäcker. Sie müssen etwas zu Essen haben.«
Jesus antwortet: »Gebt ihr ihnen zu essen! Wie viele Brote habt ihr?«
»Fünf Brote und zwei Fische«, zählt Jakobus.
Die Menschen lagern in Gruppen auf dem Gras. Hier eine Familie, da eine Familie. Jesus spricht ein Tischgebet. Dann bricht er die Brote und gibt sie den Jüngern. Die Jünger teilen sie aus. Brot und Fisch. Brot und Fisch. Bis der Letzte satt ist.
Die Leute freuen sich. Am Schluss sammeln die Jünger ein, was übrig geblieben ist. Sie staunen: Zwölf Körbe werden voll.

JESUS BETET MIT SEINEN JÜNGERN DAS VATERUNSER

Matthäus 6, 5–13

Als Jesus mit seinen Jüngern allein ist, sagt er: Macht nicht viele Worte, wenn ihr betet. Euer Vater im Himmel weiß, was ihr braucht. So sollt ihr beten:

Vater unser im Himmel!
Geheiligt werde dein Name.
Dein Reich komme.
Dein Wille geschehe, wie im Himmel, so auf Erden.
Unser tägliches Brot gib uns heute.
Und vergib uns unsere Schuld,
wie auch wir vergeben unseren Schuldigern.
Und führe uns nicht in Versuchung,
sondern erlöse uns von dem Bösen.
Denn dein ist das Reich und die Kraft
und die Herrlichkeit in Ewigkeit. Amen.

GOTT HÖRT DIE MENSCHEN, DIE ZU IHM BETEN

Lukas 11, 5–10

»Gott erhört euch, wenn ihr betet«, erklärt Jesus den zwölf Freunden. »Ihr könnt euch fest darauf verlassen. Hört gut zu:
Tobias bekommt Besuch. Plötzlich steht ein Freund vor der Tür. Es ist schon tief in der Nacht. Er hat kein Stückchen Brot im Haus. Er findet nichts, was er dem Gast so spät noch vorsetzen könnte. Es ist ihm peinlich. Die Läden haben längst geschlossen.
Da fällt ihm ein: ›Mein Nachbar hilft mir bestimmt. Der hat mich noch nie im Stich gelassen.‹ Er geht hinüber. Natürlich ist die Tür schon zu. Er klopft. Niemand hört ihn. Er klopft lauter. Schließlich hämmert er mit beiden Fäusten an die Tür. ›Ich brauche Brot‹, ruft er laut.
Jetzt hört Tobias die Stimme des Nachbarn. ›Sei still, wir sind schon alle im Bett. Wenn ich aufstehe, wachen die Kinder auf.‹ Aber Tobias lässt nicht locker. Er klopft weiter, er macht Lärm.
Schließlich steht der Nachbar auf. Er hält

es nicht mehr aus. Er schließt die Tür auf und holt Brot.
›Danke‹, ruft Tobias und eilt davon.«
Jesus erklärt den Freunden: »Der Nachbar hat Tobias schließlich doch geholfen, weil er nicht aufgehört hat, zu bitten und zu betteln. Wie viel mehr wird Gott euch erhören, wenn ihr nicht aufhört, bei ihm anzuklopfen.«

Zwei Brüder streiten um das Erbe

Lukas 12, 13–21

Aufgeregt redet ein Mann auf Jesus ein: »Mein Bruder und ich haben geerbt. Ein schönes Vermögen. Aber er will nicht mit mir teilen. Sag ihm doch, dass das nicht richtig ist.«

Jesus fragt ihn: »Meinst du wirklich, dass das Geld so wichtig ist? Hör zu, ich will dir etwas erzählen:

Ein reicher Bauer hat eine gute Ernte. Volle Wagen rollen in den Hof. Die Ochsen können die Last kaum ziehen. ›Das passt ja gar nicht mehr in die Scheune‹, ruft der Bauer erfreut. ›Weizen, Gerste wie noch nie!‹ Er denkt kurz nach: ›Ich habe eine Idee. Weg mit der alten Scheune! Ich baue eine neue, eine, die viel größer ist. Und dann hinein mit den Vorräten. Das bringt mir Geld, viel Geld. Das reicht bis an mein Lebensende. Jetzt kann ich essen und trinken und fröhlich sein.‹

Doch Gott spricht zu ihm: ›Du denkst nur an dich und an dein schönes Leben. Heute Nacht musst du sterben. Wem werden dann dein Geld und deine Vorräte gehören?‹«

Hier ist die Geschichte zu Ende. Jesus schaut den Mann, der sich mit seinem Bruder streitet, an und sagt: »Der Bauer hat nur an die große Scheune und an die dicken Getreidesäcke gedacht. Er sieht nicht, dass Gott uns viel mehr schenkt als Geld. Viel wichtiger als Geld ist es, dass Gott uns die Tür zum Himmel aufschließt.«

WER IN DEN HIMMEL WILL, MUSS AUF GOTTES WORT HÖREN

Lukas 16, 19–31

Petrus sagt zu Jesus: »Die Leute staunen über die Wunder, die du tust. Wer deine Wunder sieht, der wird ganz sicher auch auf dich hören.« Jesus erzählt ihm die Geschichte vom reichen Mann und vom armen Lazarus.

»Lazarus hat nichts, er hat nur Hunger. Jeden Tag schleppt er sich zum Haus von einem reichen Mann. Hunde lecken an seinen Wunden. Neben ihm stehen alte Eimer. Die Küchenmagd wirft die Abfälle hinein. Alles, was essbar ist, stopft Lazarus in den Mund. Sonst bekommt er nichts. Der Reiche trägt teure Kleider. Er isst die feinsten Leckerbissen. Es fehlt ihm an nichts.

Lazarus stirbt zuerst. Danach stirbt der Reiche. Lazarus kommt in den Himmel. Der Reiche kommt in die Hölle. In der Hölle ist es heiß. Der reiche Mann hat Durst. Da sieht er Lazarus an einem gedeckten Tisch.

Neben ihm sitzt Abraham. Sie essen und trinken und lachen. Der Reiche ruft: ›Vater Abraham, Lazarus soll mir etwas Wasser zu trinken bringen.‹ Abraham ruft zurück: ›Es gibt keine Brücke von uns zu dir.‹

›Dann schick Lazarus doch zu meinen Brüdern‹, bittet der Reiche. ›Er soll sie warnen, damit es ihnen einmal besser geht als mir.‹ Abraham antwortet: ›Mose und die Propheten haben gesagt, dass jeder im Volk Israel den Armen helfen soll. Deine Brüder wissen das.‹

Doch der Reiche versucht es noch einmal: ›Wenn einer von den Toten zu ihnen käme, auf den würden meine Brüder hören.‹ Abraham schüttelt den Kopf: ›Wenn sie auf Gottes Wort nicht hören, kann ihnen auch das größte Wunder nicht helfen.‹«

Ein Reicher fragt nach dem Weg zum Himmel

Markus 10, 17–22

Ein junger Mann begegnet Jesus und fragt: »Was muss ich tun? Ich möchte in den Himmel kommen.«

Jesus antwortet: »Du kennst doch die Gebote: Du sollst nicht stehlen. Du sollst nichts Falsches über andere reden. Du sollst deinen Eltern ein guter Sohn sein.«

»Ja, ja, ich weiß«, fällt ihm der andere ins Wort. »Schon als Kind habe ich mich genau daran gehalten.«

Der junge Mann gefällt Jesus. Er sagt: »So fehlt dir nur noch eins. Geh nach Hause. Verkaufe alles, was dir gehört. Das Geld gibst du den Armen. Dann kommst du wieder und folgst mir. Und der Himmel steht dir offen.«

Der junge Mann senkt den Blick zu Boden. Traurig geht er fort. Er ist nämlich sehr reich.

Jesus erzählt vom Reich Gottes

Lukas 8, 4–15

Jesus erzählt eine Geschichte. So kann er am besten zeigen, wie es im Reich Gottes zugeht.

»Ein Bauer geht auf das Feld. Er sät Weizenkörner aus. Quer durch den Acker führt ein schmaler Weg. Einige Körner bleiben darauf liegen. Sie werden zertreten. Vögel picken den Rest auf.

Ein anderer Teil von den Saatkörnern fällt auf Steine und Felsen. Die Saat kann keine Wurzeln in den harten Boden treiben. Sie vertrocknet.

Der dritte Teil geht auf. Doch die Dornen wachsen schneller. Sie ersticken die zarten Keime.

Der vierte Teil fällt auf guten fruchtbaren Boden. An kräftigen Halmen reifen volle schwere Ähren. Im Sommer gibt es dann eine reiche Ernte.«

»Warum hast du diese Geschichte erzählt?«, wollen die Jünger später wissen. Jesus erklärt: »Der Samen ist das Wort Gottes. Mancher hört es. Aber das Herz bleibt hart wie Stein. Der gute Samen wird zertreten oder er verdorrt. Andere nehmen sich vor, zu helfen und den Armen etwas abzugeben. Aber dann kommen die Sorgen: ›Ich kann doch nichts abgeben. Sonst bleibt für mich nicht genug.‹ Die Sorgen wachsen wie Dornengestrüpp.

Zuletzt wird es aber doch gut mit der Ernte. Viele Menschen nehmen sich zu Herzen, was Gott sagt, und tun, was ihm Freude macht.«

AUF DEM WEG
NACH JERUSALEM TRIFFT JESUS
GROSSE UND KLEINE LEUTE

Jesus ist der Messias

Markus 8, 27–31

Überall reden die Leute von Jesus. Philippus berichtet: »In der Synagoge hat einer gesagt: ›Ganz klar, Jesus ist der Elia. Elia ist von den Toten zurückgekommen.‹«

Thomas weiß etwas anderes: »Auf dem Markt erzählen die Leute, Jesus soll Jeremia sein. Viele halten ihn für einen Propheten.«

Jesus kommt dazu. Er fragt die Freunde: »Was meint ihr denn?«

Da steht Petrus auf und erklärt:

»Du bist der Messias. Das glauben wir alle. Die Propheten haben schon vor langer Zeit versprochen: ›Eines Tages kommt der Messias. Der Messias bringt Frieden in die Welt. Er wird die Welt retten.‹ Jetzt ist es so weit.«

Jesus will nicht, dass sie mit anderen darüber sprechen. Er sagt: »Zuerst müssen wir nach Jerusalem gehen. Das wird ein schwerer Weg. In Jerusalem wird man mich verhaften. Man wird mich zum Tod verurteilen. Aber nach drei Tagen werde ich vom Tod auferweckt. Dann erst sollen alle erfahren, dass Gott mich in die Welt geschickt hat.«

Nichts ist so wichtig wie das Reich Gottes

Lukas 9, 57–62

Jesus und die zwölf Jünger brechen auf. Das Ziel ist Jerusalem. Da winkt ein Mann: »Haltet an! Ich will mit euch gehen.« »Das musst du dir gut überlegen«, erwidert Jesus. »Die Füchse haben einen festen Bau. Junge Vögel haben ihr warmes Nest. Aber ich habe nicht einmal ein Bett, in dem ich nachts ruhig schlafen kann.«
Einer mit einem jungen Gesicht grüßt Jesus freundlich. »Komm doch mit uns«, fordert Jesus ihn auf. Der junge Mann zögert: »Ich muss erst meinen toten Vater begraben.« Die Antwort von Jesus überrascht ihn. »Es gibt viel Wichtigeres zu tun als einen Toten zu begraben. Den Lebendigen sollst du von Gottes Reich erzählen.«

Ein Dritter steht vor seiner Haustür. Er hält Jesus an: »Ich begleite euch. Aber wartet. Zuerst muss ich zu Hause Abschied nehmen.«
Jesus gefällt das nicht. Er sagt: »Wenn du mit deinen Ochsen den Acker pflügst, darfst du auch nicht rückwärts schauen, sonst werden die Furchen im Acker krumm.« Dann fährt er fort: »Du hängst an deiner Familie, mit der du immer zusammen gewesen bist. Wer mir helfen will, muss vorwärts schauen. Jetzt ist nur das Eine wichtig: Wir müssen den Menschen zeigen, wie sie den Weg zum Himmel finden.«

Der Himmel ist wie ein kostbarer Schatz

Matthäus 13, 44–46

Jesus sitzt am Brunnenrand. Er hat viel zu erzählen von Gott und vom Himmelreich. Eine Frau füllt ihren Wasserkrug. »Ach«, ruft sie, »wie gern möchte ich in den Himmel kommen. Nur das wünsche ich mir. Sonst nichts.«

»Dann mache es wie die beiden Männer«, antwortet Jesus. »Der eine Mann arbeitet bei einem Gutsbesitzer. Er soll den Acker umgraben. Dabei stößt er auf einen Kasten. Er reißt den Deckel hoch. Es glitzert und funkelt. Er sieht lauter Gold- und Silberstücke. Er hat einen kostbaren Schatz entdeckt. ›Wenn ich den haben könnte‹, überlegt er.

Schon hat er eine Idee. Er verkauft alles, was er hat. Mit dem Geld geht er zum Gutsbesitzer. Er kauft den Acker. ›Jetzt gehört der Schatz mir!‹, jubelt er. ›Ich bin der glücklichste Mensch auf der ganzen Welt‹.«

Die Frau hört aufmerksam zu und Jesus fährt fort: »Der andere Mann ist ein Kaufmann. Er sucht nach schönen Perlen. Eines Tages entdeckt er eine, die ist schöner als alle anderen Perlen. ›Die muss ich haben, um jeden Preis.‹ Der Gedanke lässt ihn nicht mehr los. Aber die Perle ist teuer. Was tun? Er fasst einen Entschluss. Er verkauft sein Haus und gibt sein ganzes Geld aus für diese eine Perle.«

Die Frau setzt den Wasserkrug auf den Kopf und geht nachdenklich in ihr Haus.

DIE JÜNGER STREITEN, WER DER GRÖSSTE IST

Markus 9, 33–37

Zwischen Jakobus und Johannes kommt es zum Streit. Jeder will der Größte sein. Jesus kommt dazu. »Um was geht es denn?«, will er wissen. Den beiden Brüdern ist das peinlich. Keiner verrät, worüber sie gestritten haben.

Jesus setzt sich. Er ruft alle zwölf Freunde zusammen. »Wisst ihr, wer im Himmel groß ist?«, fragt er in die Runde. Dann gibt er selbst die Antwort: »Groß ist, wer für andere wie ein Diener ist.«

Neben ihnen spielt ein kleines Mädchen. Jesus nimmt es auf den Arm und sagt: »Wer zu so einem kleinen Kind gut ist, der ist gut zu mir. Im Himmel zählen nicht die großen Heldentaten. Gott freut sich über jeden kleinen Dienst, den ihr anderen zuliebe tut.«

Der Himmel gehört den Kindern

Markus 10, 13–16

Jesus sitzt unter einer Palme. Ihre großen Blätter sind wie ein Dach. Der Schatten tut ihm gut in der Mittagshitze. Auf einmal hört man Kinderstimmen. Sie werden lauter. Jetzt sieht man sie. Mütter tragen Säuglinge auf dem Arm. Mädchen mit elf und zwölf Jahren führen die kleinen Geschwister an der Hand.

»Halt, halt, halt!«, ruft Petrus. »Das geht so nicht. Ihr seht doch, dass der Meister seine Ruhe haben will.«

Jesus hört es. Er zieht die Stirn in Falten. Er ärgert sich und sagt: »Lasst die Kinder zu mir kommen. Haltet sie nicht auf. Ihr wisst doch: Den Kindern gehört der Himmel.« Er nimmt die Kleinsten auf den Schoß. Den Größeren legt er die Hand auf die Schulter und auf den Kopf. Und zu jedem Jungen und Mädchen sagt er: »Ich segne dich. Du bist ein Kind Gottes. Gott hat dich ganz besonders lieb.«

Dann wendet er sich den Erwachsenen zu: »Den Kindern steht die Tür zum Himmel offen. Sie zeigen euch den Weg.«

Die Gäste haben etwas Wichtigeres vor

Lukas 14, 15–23

»Das wird bestimmt ein ganz besonders schönes Fest im Himmel«, sagt Johannes. »Da will ja wohl jeder gern dabei sein.«
Jesus antwortet: »Es gibt Leute, denen andere Dinge wichtiger sind.«
Er erzählt: »Ein Mann bereitet ein großes Fest vor. Lange vorher lädt er die Gäste ein. Als es dann soweit ist, sagt er zu einem Diener: ›Geh zu meinen Freunden, die eingeladen sind. Sag ihnen: Alles ist fertig. Ihr könnt kommen.‹
Doch alle haben eine Ausrede. ›Entschuldige mich‹, sagt der Erste, ›ich habe mir ein Grundstück gekauft. Das will ich unbedingt erst einmal ansehen.‹
Ähnlich der Zweite: ›Entschuldige mich,

ich habe ein paar Ochsen gekauft. Ausgerechnet heute muss ich sie abholen.‹
Der Dritte ruft nur kurz: ›Keine Zeit. Ich habe geheiratet. Jetzt wollen wir erst einmal eine schöne Reise machen.‹
Der Diener berichtet alles seinem Herrn. Der ruft zornig: › Jetzt werden andere mit mir feiern. Geh in die Stadt. Da findest du Arme, Bettler und Blinde. Bring alle mit.‹
Nach ein paar Stunden erklärt der Diener: ›Es ist immer noch Platz am gedeckten Tisch.‹
Da sagt der Herr: ›Dann lauf zur Stadt hinaus. Bring jeden mit, den du triffst. Ich will ein volles Haus zu meinem Fest!‹«

Niemand will neben einem Zöllner sitzen

Lukas 15, 1–7

»Habt ihr so etwas schon gehört«, ruft ein Pharisäer laut über den Platz vor der Synagoge. »Jesus setzt sich mit Zöllnern an einen Tisch. Ich würde niemals mit solchen Leuten reden.«

»Ich auch nicht«, stimmt ein anderer zu. »Das sind doch Gauner. Die ziehen uns das letzte Geld aus der Tasche.«

»Die Zöllner helfen den Römern«, schimpft ein Dritter. »Sie ziehen Steuern für unsere Feinde ein.«

Dann wieder die Stimme des Ersten: »Nein, anständige Menschen setzen sich nicht zu den Zöllnern.«

Alle schauen auf Jesus. Es wird still auf dem weiten Platz. Man hört nur noch die Stimme von Jesus: »Ein Hirte hat hundert Schafe«, beginnt er. »Ein Schaf verirrt sich in der Wüste. Was hättet ihr an der Stelle des Hirten gemacht?«, fragt er in die Runde. Niemand antwortet.

Da fährt Jesus fort: »Der Hirte sperrt die neunundneunzig Tiere in einen Pferch. Dann macht er sich auf die Suche. Schließlich entdeckt er das verlorene Schäflein. Er nimmt es auf die Schulter. Er trägt es nach Hause. Überglücklich ruft er den Nachbarn zu: ›Freut euch mit mir. Das Schaf war verloren. Doch ich habe es wiedergefunden.‹«

Am Schluss seiner kurzen Geschichte sagt Jesus: »Im Himmel freut man sich über jeden Zöllner, der sein Unrecht bereut. Jeder, der sich verirrt hatte und zu Gott zurückfindet, wird von den Engeln mit Jubel begrüßt.«

Der verlorene Sohn kommt zum Vater zurück

Lukas 15, 11–24

Ein Vater hat zwei Söhne. Der Jüngere erklärt eines Tages: »Vater, ich ziehe aus. Gib mir meinen Teil von dem Geld, das du mir und meinem Bruder vererben wirst. Ich will nicht warten, bis du gestorben bist.« Der Vater gibt ihm einen Beutel prall gefüllt mit Münzen. Mit viel Geld geht der Sohn aus dem Haus.

Er kauft sich die teuersten Kleider. Im Gasthaus bestellt er das feinste Essen und trinkt nur den besten Wein. Bald hat er kein Geld mehr. Er ist nun bettelarm. In seiner Not geht der junge Mann zu einem Bauern. Er muss die Schweine hüten. Sein Magen knurrt. Er hat schrecklichen Hunger. Am liebsten möchte er wie die Schweine aus dem Trog fressen. Aber das darf er nicht. Da fasst er einen Entschluss: ›Ich gehe heim. Bei meinem Vater bekommen alle Knechte genug zu essen. Vielleicht werde ich fortgejagt. Doch ich will es versuchen.‹

Schmutzig und in Lumpen kommt er zu Hause an. Er sieht das Hoftor. Da kommt ihm der Vater schon entgegen. Er rennt fast. Ohne ein Wort zu sagen, drückt er sein Kind fest an sich. Er gibt ihm einen Kuss und noch einen.

»Ich habe alles falsch gemacht«, stammelt der Sohn. »Ich weiß: Du kannst mich nicht mehr lieb haben. Aber darf ich vielleicht bei dir arbeiten?«

Der Vater winkt einen Knecht heran. »Bring ihm Hose, Hemd und Jacke, das Beste, was du finden kannst. Und vergiss die Schuhe nicht.« Er zieht einen kostbaren Ring vom Finger und schenkt ihn seinem Sohn. Dann ruft er laut: »Schlachtet ein Kalb. Heute gibt es ein Festessen! Ich freue mich ja so. Mein Kind war verloren. Jetzt habe ich es wiedergefunden.«

Der Bruder kommt nicht zum Fest

Lukas 15, 25–32

Selten hat es so ein Fest gegeben. Nachbarn und Freunde, Knechte und Mägde singen und tanzen. Da kommt der ältere Bruder vom Feld. »Was ist das für ein Lärm?«, fragt er einen Knecht, der mit einer dampfenden Schüssel über den Hof läuft.

»Weißt du es noch gar nicht?«, fragt der Knecht. »Dein Bruder ist zurückgekommen. Alle freuen sich und feiern.«

Der ältere Bruder stampft zornig auf den Boden. »Ich komme nicht zum Fest«, ruft er laut.

Der Vater hört es. Er kommt heraus. »Bitte, setz dich doch zu uns und feiere mit uns. Ich bin ja so glücklich!«

Der Sohn antwortet barsch: »Weißt du, wie viele Jahre ich bei dir arbeite? Um alles habe ich mich gekümmert. Was ist der Dank? Hast du schon einmal auch nur ein Böcklein geschlachtet für meine Freunde und für mich? Doch jetzt kommt dieser liederliche Kerl zurück. Das ganze Geld hat er aus dem Fenster geschmissen. Und was tut der Vater? Er schlachtet ein Kalb vor lauter Glück.«

Der Vater legt seinem Ältesten den Arm um die Schulter: »Du bist immer bei mir. Alles, was mir gehört, gehört auch dir. Kannst du dich denn gar nicht mit uns freuen? Dein Bruder ist wieder da. Es kommt mir vor, als wäre er tot gewesen. Und jetzt lebt er wieder.«

Alle bekommen den gleichen Lohn

Matthäus 20, 1–16

Jesus ist bei einem Pharisäer eingeladen. Er hört gerade noch, wie ein Gast zu dem Pharisäer sagt: »Wer Gottes Gebote ein Leben lang so treu erfüllt wie du, der wird im Himmel einen extra großen Lohn bekommen.«

Später beim Essen erzählt Jesus eine Geschichte:

»Ein Mann hat einen Weinberg. Er braucht Leute für die Ernte. Früh am Morgen geht er auf den Markt. Da stehen Männer und suchen Arbeit. Der Weinbergbesitzer ruft: ›Ihr könnt mir helfen. Ich zahle einen Silbergroschen.‹ Sie sind einverstanden. Drei Stunden später stellt er neue Leute ein. Und nach sechs und nach neun Stunden noch einmal.

Am Abend ist die Arbeit nicht fertig. Auf dem Markt stehen immer noch einige herum, die nichts zu tun haben. ›Ich brauche euch‹, ruft der Herr des Weinbergs.

›Schnell, macht euch an die Arbeit!‹ Schließlich wird der Lohn ausgezahlt. Zuerst ruft der Weinbergbesitzer die Arbeiter, die zuletzt angefangen haben. Er gibt ihnen einen Silbergroschen.

Dann kommen die anderen an die Reihe. Jeder bekommt einen Silbergroschen. Der Letzte in der Reihe ruft empört: ›Den ganzen Tag haben wir geschuftet und geschwitzt. Und jetzt bezahlst du uns nicht mehr als denen, die nur noch ganz kurz gearbeitet haben. Das ist ungerecht!‹

›Warum bist du so zornig‹, fragt der Herr. ›Ich habe den Lohn heute früh mit dir vereinbart. Den hast du erhalten. Bist du neidisch, weil ich gut zu den anderen bin? Es ist mein Geld. Kann ich damit nicht machen, was ich für gut halte?‹«

Zachäus lädt Jesus ein

Lukas 19, 1–10

Männer, Frauen und Kinder warten an der breiten Allee in Jericho. Plötzlich hört man Rufe: »Jesus kommt!« Die Menschen stehen dicht gedrängt. Alle wollen Jesus sehen.

Zachäus, der Oberzöllner, möchte Jesus auch gern sehen. Aber in der Menschenmauer gibt es keine Lücke. Und Zachäus ist klein. Er kann nicht über die anderen hinwegschauen. Da sieht er einen Baum. Mit seinem langen Mantel klettert der kleine Mann nach oben.

Jesus ist schon ganz nah. Da! Jesus hält an, winkt hinauf und ruft: »Zachäus, steig herunter. Meine Freunde und ich möchten uns bei dir ausruhen.«

Zachäus rennt nach Hause. Er schickt Diener und Mägde los: »Bringt frisches Wasser, Saft und Tee, Rosinenbrot und Mandelgebäck. Gleich wird der Besuch hier sein.«

Zachäus verbeugt sich vor Jesus. Er strahlt vor Glück. Sie essen und trinken zusammen. Aber Johannes flüstert leise: »Die Leute draußen schimpfen, weil wir bei einem Zöllner sitzen.«

Zachäus hört es. Er erklärt: »Es ist wahr, was die Leute über mich sagen. Ich habe viele betrogen. Aber jetzt schenke ich die Hälfte von meinem Besitz armen Frauen und Kindern. Und wenn ich jemandem etwas weggenommen habe, dann gebe ich ihm viermal so viel zurück.«

Jesus spricht zu Zachäus: »Das ist ein Glückstag für dich und deine Familie. Von heute an bist du ein neuer Mensch. Die Engel im Himmel lachen und freuen sich mit dir.«

BARTIMÄUS KANN WIEDER SEHEN

Markus 10, 46–52

Zachäus winkt den Gästen hinterher. Es sind nur noch wenige Schritte bis zum Stadttor von Jericho. Am Straßenrand hockt zusammengekauert eine Gestalt. Ein blinder Bettler. Er heißt Bartimäus. Alle kennen ihn. Ein weißer Umhang schützt ihn vor der heißen Sonne.
Bartimäus hört Stimmen. »Jesus! Jesus!« Immer lauter dringt der Name an sein Ohr. Da reißt er den Mund auf und schreit: »Jesus, du Sohn von König David, hilf mir!«
»Sei still!«, fährt ihn ein Mann an. Aber Bartimäus übertönt alle mit seinem Geschrei: »Jesus, du Sohn von König David, hilf mir!«
Jesus hält an und spricht: »Ruft ihn her!« Es klingt wie ein Befehl.
Die Leute gehorchen. »Steh auf«, sagen sie zu dem Bettler. »Jesus wartet auf dich.« Bartimäus springt auf. Er wirft seinen Umhang in den Staub. Er läuft direkt auf Jesus zu.
Jesus fragt: »Warum rufst du nach mir? Was willst du?«

»Lieber Herr«, stammelt der Blinde, »ich möchte wieder sehen können.«
Jesus sagt zu ihm: »Du siehst ja schon. Du siehst, dass ich dir helfen kann. Du vertraust mir. Das hat dich gesund gemacht.«
Bartimäus gehen die Augen auf. Er freut sich über das helle Sonnenlicht und über all die vielen bunten Farben. Jetzt will er nur noch eins. Er will mit Jesus gehen und immer bei ihm bleiben.

Ein Samariter sieht, wer Hilfe braucht

Lukas 10, 25–37

Ein Schriftgelehrter sagt zu Jesus: »Das größte Gebot heißt: Du sollst Gott von ganzem Herzen lieben und deinen Nächsten wie dich selbst. Aber es gibt so viele Menschen. Wer ist denn mein Nächster?« Jesus antwortet mit einer Geschichte. »Ein Mensch ist unterwegs von Jerusalem nach Jericho. Plötzlich springen Räuber aus einem Versteck. Sie schlagen den Mann nieder. Sie rauben ihn aus und rennen davon.

Ein Priester kommt vorbei. Doch er schaut weg. ›Ich muss zum Gottesdienst im Tempel‹, murmelt er vor sich hin und läuft davon.

Der nächste Mann geht auch vorbei. ›Nichts wie weg‹, denkt er. ›Sonst werde ich selber überfallen.‹

Zuletzt kommt ein Samariter, ein Ausländer, der nicht in den Tempel der Juden darf. Er hält seinen Esel an und kniet sich neben den hilflosen Mann auf den Boden. Behutsam reinigt er die Wunden mit Öl und verbindet sie. Dann setzt er ihn auf das Tier. Er bringt ihn ins nächste Gasthaus. Dem Wirt gibt er Geld und sagt: ›Versorg ihn gut, bis er gesund ist.‹« Jesus fragt den Schriftgelehrten. »Wer ist der Nächste für den Überfallenen gewesen?« Die Antwort kommt schnell: »Natürlich der Samariter, der geholfen hat.« »Also«, sagt Jesus, »jetzt weißt du, was du tun musst.«

Lazarus kommt aus dem Grab

Johannes 11, 1–45

Die Straße von Jericho nach Jerusalem führt steil bergauf. Jesus und seine Freunde sind müde, als sie Betanien erreichen. Das Dorf liegt hoch in den Bergen. Von hier ist es nicht mehr weit nach Jerusalem. In Betanien wohnen Marta und Maria mit ihrem Bruder Lazarus. Die drei sind gute Freunde von Jesus. Jesus will sie besuchen. Er freut sich darauf.

Aber Marta und Maria sind sehr traurig. Lazarus ist tot. Vor vier Tagen wurde er begraben. Die beiden Schwestern weinen. Sie sagen zu Jesus: »Wenn du eher gekommen wärst, hätte unser Bruder nicht sterben müssen.«

Jesus betet: »Vater im Himmel, du hörst mich. Bitte, zeige allen Menschen hier, was für ein starker und mächtiger Gott du bist.«

Lazarus liegt in einem Felsengrab. Der Eingang ist mit einem großen Stein verschlossen. »Rollt den Stein weg«, sagt Jesus zu ein paar jungen Leuten.

Dann ruft er laut: »Lazarus, du sollst leben!«

Lazarus kommt aus dem Grab heraus. Alle sehen ihn. Die Menschen können das Wunder nicht fassen. Sie beten und loben Gott. Maria spricht zu Marta: »Mir kommt das alles vor wie ein Traum.«

Philippus, einer von den Jüngern, sagt leise zu seinem Freund Natanael: »Haben wir es nicht immer gewusst, dass Jesus den Tod besiegt?«

Johannes setzt hinzu: »Heute haben wir es gesehen.«

Jesus stirbt und Gott macht ihn lebendig

JESUS REITET AUF EINEM ESEL NACH JERUSALEM

Markus 11, 1–11

Jesus ist mit seinen Freunden fast am Ziel. Vor ihnen liegt die Stadt Jerusalem. Hoch oben auf dem Ölberg ruhen sie aus. Sie sehen den Tempel. Die Mauern glänzen in Gold. Sie sehen den Palast von König Herodes.

Nicht weit von ihnen ist ein Dorf. Jesus sagt zu Thomas und Andreas: »Geht in das Dorf. Dort findet ihr einen jungen Esel. Bringt mir das Tier.« Er ruft ihnen nach: »Vielleicht fragt jemand: ›Dürft ihr den Esel einfach mitnehmen?‹ Dann antwortet: ›Unser Herr braucht das Tier. Du bekommst es bald zurück.‹«

Die beiden finden alles genauso vor, wie Jesus es gesagt hat. An einer Stalltür ist ein Esel angebunden. Sie binden ihn los. »He, was macht ihr da?«, schreit ein Mann. Sie rufen zurück: »Unser Herr braucht das Tier. Du bekommst es bald zurück.« Da lässt er sie gehen.

Andreas wirft seinen Umhang über den Rücken des Esels. Jesus setzt sich darauf. Er reitet vom Ölberg herunter und zieht in Jerusalem ein.

Immer mehr Menschen laufen zusammen. Sie schreien und jubeln: »Hosianna! Hilf uns, du Sohn Davids!« Männer ziehen die Mäntel aus. Sie legen die Mäntel wie einen Teppich auf die Straße. Mütter und Kinder winken mit grünen Palmzweigen. In lauten Chören schallt es durch die Stadt: »Unser König kommt! Sei gegrüßt! Hosianna!«

Der Tempel ist keine Räuberhöhle

Markus 11, 15–19

Vor dem Tempel ist ein weiter Platz. Der Platz wird Vorhof des Tempels genannt. Hohe Säulen rahmen ihn ein.

Es geht laut und bunt zu. Geldwechsler haben ihre Tische aufgebaut. Sie tauschen das Geld von Tempelbesuchern aus dem Ausland um. An vielen Ständen werden Tauben angeboten. Die braucht man für das Opfer auf dem Altar. »Kauft bei mir! Kauft bei mir!«, schreien die Händler durcheinander. Der Lärm ist unvorstellbar groß.

Jesus gefällt das gar nicht. »Der Tempel ist zum Beten da«, ruft er. »Ihr habt die reinste Räuberhöhle daraus gemacht!« In großem Zorn stößt er die Tische der Verkäufer um. Er jagt die Händler fort.

Die Priester werden unruhig. »Dieser Jesus ist gefährlich«, murren sie. »Keiner hat ihm das erlaubt! Doch die Menschen bewundern ihn. Wir müssen aufpassen, dass ihm am Ende nicht alle hinterherlaufen.«

Die Geschichte von den bösen Weingärtnern

Markus 12, 1–12

An einer Säule auf dem großen Tempelplatz steht eine Menschengruppe. Sie unterhalten sich aufgeregt. Jesus kommt dazu. Sofort wird es still. Jesus ergreift das Wort. »Ich will euch etwas erzählen«, beginnt er.

»Ein reicher Mann pflanzt einen Weinberg. Er zieht einen Zaun darum und lässt eine Kelter bauen. Doch er kann sich nicht selbst um den Weinberg kümmern. Er muss eine weite Reise ins Ausland machen. Der Mann weiß sich zu helfen. Er findet Weingärtner, die auf seinem Weinberg arbeiten. Natürlich nicht umsonst. Er einigt sich mit ihnen: ›Ihr dürft die Trauben ernten und verkaufen. Nur einen Teil müsst ihr mir abliefern.‹

Zur Erntezeit schickt der Weinbergbesitzer einen Knecht. Dieser soll den vereinbarten Anteil holen. Aber die Weingärtner jagen den Knecht ohne Trauben fort.

Da schickt der Besitzer seinen Sohn. Er denkt: ›Meinem Sohn werden sie nicht so übel mitspielen. Das wagen sie nicht.‹ Aber die Weingärtner sagen: ›Der erbt einmal alles. Kommt, wir töten ihn. Dann gehört der Weinberg uns.‹«

Jesus fragt die Zuhörer: »Was wird der Besitzer mit den bösen Männern tun? Ich sage es euch: Er wird die Leute vor den Richter bringen. Den Weinberg wird er ihnen wegnehmen. Er wird ihn anderen Weingärtnern geben.« Keiner spricht ein Wort. Die meisten blicken böse auf den Boden.

Petrus sagt leise zu Andreas: »Jesus weiß gut, dass er in Jerusalem Feinde hat. Er hat selbst gesagt, dass sie ihn töten werden. Daran musste ich bei der Geschichte denken.« Traurig verlassen die beiden Brüder den Tempelplatz.

Zu Hause bei Maria und Marta

Lukas 10, 38–42

Es ist Abend. Jesus und die Jünger verlassen die Stadt. Zwischen Olivenbäumen führt ein schmaler Weg den Ölberg hinauf. Bald sind sie in Betanien. Bei Marta und Maria können sie immer übernachten. Maria öffnet die Tür.

Marta hat überhaupt keine Zeit. Schnell bindet sie die Küchenschürze um. Sie trägt Schüsseln und Teller herbei. In der Glut von Holzasche bäckt sie dünne Brotfladen. Eilig steigt sie in den Keller hinunter. Sie bringt einen Krug mit Wein. Sie holt frisches Wasser. Sie schüttelt den Gästen die Kissen zurecht. Was fehlt jetzt noch? Sie schaut sich um.

Da fällt ihr Blick auf Maria. Ihre Schwester sitzt auf dem Fußboden bei Jesus. Marta schaut streng erst zu Maria, dann zu Jesus. Ihre Stimme klingt vorwurfsvoll: »Herr, du siehst, was ich alles zu tun habe. Aber Maria legt die Hände in den Schoß. Sag ihr doch, dass sie mir helfen soll.«

Darauf erwidert Jesus: »Liebe Marta, du machst dir viel Arbeit. Du sorgst so gut für uns alle. Aber deine Schwester tut, was jetzt viel wichtiger als alles andere ist. Ich erzähle von Gott und vom Himmelreich. Maria passt auf und hört zu. Niemand soll sie davon abhalten.«

Die Armen sind wie Geschwister für Jesus

Matthäus 25, 31–40

Im Haus von Maria und Marta will niemand schlafen gehen. Neue Gäste kommen dazu. Es sind Nachbarn und Bekannte aus dem ganzen Ort.

Jesus sagt: »Im Himmel will ich ein großes Fest mit allen meinen Freundinnen und Freunden feiern. Aber denkt euch«, fährt er fort, »viele werden überrascht sein, wenn sie eingeladen werden. Sie werden fragen: ›Seit wann bin ich dein Freund oder deine Freundin?‹

Dann antworte ich: ›Ich hatte Hunger und du hast mir etwas zu essen gegeben. Ich hatte Durst und du hast mir zu trinken ge-

geben. Ich habe gefroren. Da hast du mir einen Mantel geschenkt. Ich war traurig und allein. Doch du hast mich besucht.‹ Jetzt werden sie noch mehr staunen und fragen: ›Wann war denn das? Wann habe ich dich hungrig oder durstig gesehen? Wann habe ich dir etwas Warmes zum Anziehen gebracht? Wann habe ich dich besucht?‹

Dann erkläre ich ihnen: ›Alle Menschen, die hungrig oder durstig oder allein sind oder frieren müssen, sind für mich wie Geschwister. Wer Kindern und Erwachsenen in ihrer Not hilft, der hilft mir.‹«

Nichts ist Maria zu kostbar für Jesus

Johannes 12, 1–8

Bald ist Mitternacht. Da passiert etwas. Niemand hatte damit gerechnet. Maria verlässt das Zimmer, in dem Jesus und Lazarus und die Gäste sitzen. Bald kommt sie zurück. In der Hand hält sie ein Gefäß, schlank wie eine Vase. Behutsam öffnet sie den Verschluss. In dem Gefäß ist Öl, teuerstes, kostbarstes Öl. Es duftet im ganzen Haus.

Maria gießt das Öl über die Füße von Jesus. Dann trocknet sie seine Füße mit ihren langen Haaren ab.

»Das ist ja wie bei einem Begräbnis«, flüstert einer erschrocken.

»Ja, das stimmt«, sagt eine Frau neben ihm, »vor der Beerdigung reibt man die Toten mit Öl ein.«

Andere schauen verärgert auf Maria. Judas spricht aus, was viele denken. »So eine Verschwendung!«, brummt er. Er rechnet. »Mindestens 300 Silbergroschen wäre das Öl wert gewesen. So viel Geld! Das hätte man den Armen geben können.«

Jesus nimmt Maria in Schutz. »Lasst sie in Frieden«, sagt er. »Arme sind immer bei euch. Aber ich muss jetzt bald von euch fortgehen. Deshalb ist Maria traurig. Sie wollte mir zum Abschied noch etwas ganz besonders Gutes tun.«

DIE JÜNGER BEREITEN DAS PASSAHFEST VOR

Markus 14, 12–16

Petrus sagt zu Jesus: »Heute beginnt das Passahfest. Im Tempel werden die Lämmer geschlachtet. Wo willst du mit uns feiern?« Jesus winkt zwei Jünger zu sich. »Geht nach Jerusalem hinein«, erklärt er ihnen. »Dort trefft ihr einen Mann. Der trägt einen Wasserkrug. Schaut, in welches Haus er das Wasser bringt. Folgt ihm. Der Hausbesitzer wird euch fragen, was ihr hier sucht.«

»Und was sollen wir antworten«, wollen die beiden wissen.

»Sagt ihm«, fährt Jesus fort, »der Meister schickt uns. Wo ist der Raum, in dem er mit seinen Jüngern das Passahfest feiern kann? Er wird euch einen großen Saal zeigen. Der Fußboden ist mit Teppichen ausgelegt. Die Sitzkissen liegen schon bereit.«

Am Abend kommt Jesus mit den anderen Freunden. Alles ist vorbereitet. Der Tisch ist gedeckt. Auf Tellern und in Schüsseln sind Salat, Petersilie und andere Kräuter und rotes Fruchtmus angerichtet. In flachen Körben liegt das Brot. An jedem Platz steht ein Becher mit Wein. Am offenen Feuer wird ein Lamm gebraten.

DER MEISTER WÄSCHT DEN JÜNGERN DIE FÜSSE

Johannes 13, 1–17

Jesus und die zwölf Jünger essen und trinken. Es ist still in dem großen Saal. Johannes erzählt die Geschichte vom Auszug der Israeliten aus Ägypten. Er erzählt, wie der Pharao die Israeliten gequält hat. Er erzählt, wie Männer und Frauen Ziegel brennen und schleppen mussten. Wie in einem Gefängnis haben die Ägypter das Volk Israel gehalten. Aber Gott hat sie befreit. Überall, wo Passah gefeiert wird, erzählen sich die Menschen diese Geschichte.

Jetzt richten sich alle Blicke auf Jesus. Er steht von seinem Kissen auf. Er legt seinen langen Umhang ab und bindet eine Schürze um. In eine Schüssel, die am Boden steht, gießt er Wasser. Dann kniet er sich hin und wäscht den Jüngern die Füße. Die nassen Füße trocknet er mit seiner Schürze ab. Von einem zum anderen geht er mit der Wasserschüssel. Zuletzt kniet er bei Petrus. Der ruft entsetzt: »Nein, Herr, du wirst doch mir nicht die Füße waschen! Das lasse ich niemals zu. Ich müsste dir die Füße waschen.«

Jesus antwortet ihm: »Was ich tue, das verstehst du erst später. Ich will heute Abend allen, die meine Freunde sind, etwas Gutes tun. Und du willst doch auch dazugehören?«

Nachdem Jesus Petrus die Füße gewaschen hat, zieht er die Schürze aus und setzt sich. Er erklärt den Jüngern: »Ich habe euch ein Beispiel gegeben. Ihr nennt mich Herr und Meister. Das ist richtig so. Und ich habe mich vor euch auf den Boden gekniet und euch wie ein Diener die Füße gewaschen. So sollt ihr immer miteinander umgehen. Einer soll dem anderen dienen.«

Judas ist der Verräter

Johannes 13, 21–30

»Du siehst so traurig aus«, sagt Johannes zu Jesus. »Was hast du?«

Jesus antwortet: »Einer von euch wird mich verraten.«

Jetzt sind auch die anderen Jünger bekümmert. »Von wem redet er?« Johannes und Petrus wollen es genau wissen. Jesus gibt ihnen einen Wink. »Der ist es, dem ich ein Stück Brot gebe.«

Jesus bricht ein Stück vom Brot ab. Er taucht es in die Schüssel mit dem roten Fruchtmus.

Dann reicht er Judas das Brotstück über den Tisch zu. Er sagt: »Geh jetzt! Tu, was du vorhast.« Die anderen Jünger ahnen nichts. Judas hat ja die gemeinsame Kasse. Die meisten denken, dass er noch etwas einkaufen muss.

Der Verräter verlässt das Haus. Draußen ist finstere Nacht. Er geht zu einer vornehmen Villa. Da wohnt der oberste Priester in der Stadt. Er wird der Hohe Priester genannt. Judas verrät dem Hohen Priester, wo Jesus in dieser Nacht schlafen wird.

JESUS WEISS, DASS DIE FREUNDE IHN VERLASSEN WERDEN

Markus 14, 26–31

Jesus und die Freunde beten einen Psalm: »Danket dem Herrn; denn er ist freundlich, und seine Güte währet ewiglich.« Dann verlassen sie den Speisesaal.

Unterwegs sagt Jesus: »Heute Nacht werdet ihr euch alle über mich ärgern. Ihr werdet auseinanderlaufen wie Schafe, die keinen Hirten haben.«

Petrus ergreift als Erster das Wort: »Und wenn sich alle über dich ärgern, ich nicht!« Jesus legt ihm den Arm um die Schulter. »Bevor der Hahn zweimal kräht, wirst du dreimal behaupten: ›Den Jesus, den kenne ich nicht.‹«

»Niemals«, schreit Petrus entsetzt auf, »niemals werde ich dich verleugnen. Und wenn ich mit dir sterben müsste!« Jetzt rufen alle durcheinander: »Nie, nie, nie werden wir dich im Stich lassen.«

Jesus wird wie ein Räuber verhaftet

Markus 14, 32–50

Sie kommen zum Garten Getsemani. Jesus geht voran, die Freunde folgen ihm. Er sagt: »Hier unter den Ölbäumen könnt ihr ausruhen. Schlaft ein wenig. Nur Petrus, Jakobus und Johannes sollen mich noch ein Stück begleiten.«

Jesus zittert. Er hat Angst. Er bittet seine drei Freunde: »Bleibt noch etwas wach. Lasst mich jetzt nicht allein.«

Jesus geht ein paar Schritte weiter. Dann kniet er auf den Boden und betet: »Vater im Himmel. Alles ist dir möglich. Erspar mir doch die Schmerzen und das schwere Leid. Aber es soll nicht nach meinem Willen gehen. Dein Wille geschehe.«

Nach dem Gebet kommt er zurück zu den Jüngern. Sie schlafen. »Ach«, seufzt Jesus, »könnt ihr nicht eine Stunde mit mir wach bleiben? Steht jetzt auf. Der Verräter ist schon da.«

Am Eingang zum Garten Getsemani wird es laut. Männer mit Schwertern und Knüp-peln drängen herein. Judas voran. Er sieht Jesus. Er geht auf ihn zu und küsst ihn. Das war das Zeichen. So hatte er es mit dem Hohen Priester abgesprochen. Die bewaffneten Männer bilden einen Kreis um Jesus. Sie packen ihn und binden ihm die Hände auf den Rücken. Jesus sagt: »Wollt ihr einen Räuber fangen? So sieht es gerade aus. Dabei bin ich tagelang im Tempel gewesen. Warum habt ihr mich da nicht festgenommen?« Die Jünger erschrecken. Sie fürchten sich und rennen davon.

Beim Hohen Priester wird Jesus verhört

Markus 14, 53–65

Im Haus des Hohen Priesters geht es zu wie am hellen Tag. Dabei ist es noch tief in der Nacht. Männer aus der Stadt kommen mit schnellen Schritten. Es sind wichtige Leute, die in der Stadt und im Tempel sehr angesehen sind.

Sie verhören Jesus. Sie wollen beweisen, dass er schuldig ist. Zeugen werden in die Gerichtshalle gebracht. Sie sollen Jesus überführen. Aber die Anklagen sind alle falsch.

Der Hohe Priester steht auf. Er fragt Jesus: »Sagst du nichts zu den Beschuldigungen.« Jesus schweigt.

Da ruft der Hohe Priester in den Saal, sodass man es auch draußen hören kann: »Sprich, bist du der Messias, der Sohn Gottes?«

Jesus antwortet: »Du sagst es. Ich bin der Messias. Bald werdet ihr mich im Himmel sehen. Mein Thron wird neben dem Thron Gottes stehen.«

Der Hohe Priester ist empört. »Da hört ihr es. Wer so etwas sagt, beleidigt Gott. Kein Zweifel, er ist schuldig!« Mit lauter Stimme wendet er sich den Männern in der weiten Säulenhalle zu: »Was ist euer Urteil?«

Da tönt es in lautem Chor: »Er muss sterben.« Ein paar Männer drängen sich nah an Jesus heran. Sie schlagen ihn und spucken vor ihm auf den Boden.

Petrus lässt den Freund im Stich

Markus 14, 66–72

Petrus ist Jesus zum Haus des Hohen Priesters gefolgt. Jetzt steht er unten im Innenhof. Er wärmt sich am Feuer. Eine Magd schaut ihn an. »Du warst doch auch mit Jesus zusammen«, stellt sie fest. Petrus erschrickt. »Ich weiß nicht, wovon du redest«, stammelt er.
Er verlässt die Feuerstelle und geht in den Vorhof. Da kräht ein Hahn.
Wieder kommt die Magd vorbei. Sie deutet mit dem Finger auf Petrus: »Der ist auch mit Jesus gegangen.«
Petrus streitet alles ab.
»Doch, es stimmt«, sagen ein paar Knechte. »Du gehörst zu dem aus Nazaret. Man hört es sofort an deiner Sprache.«
Petrus läuft rot an im Gesicht. Er schreit auf den Hof hinaus: »Ich kenne den Menschen nicht, von dem ihr redet.« Dabei stampft er mit dem Fuß auf den Boden.

Der Hahn kräht zum zweiten Mal. Was hatte Jesus noch am Abend auf dem Weg zum Garten Getsemani zu ihm gesagt? Jetzt fällt es Petrus wieder ein. Petrus, der große Mann, weint wie ein Kind. Er schämt sich und geht fort.

PILATUS VERURTEILT JESUS ZUM TOD

Markus 15, 1–20 und Lukas 23, 1–5

Pilatus ist Römer, der mächtigste Mann in Jerusalem. Er ist in Jerusalem der Stellvertreter des Kaisers in Rom. Die Soldaten des Kaisers gehorchen ihm. Was er sagt, das geschieht. Er allein entscheidet, ob ein Angeklagter ins Gefängnis kommt oder ob er sterben muss.

Sehr früh am Morgen wird Jesus gefesselt vom Haus des Hohen Priesters zu Pilatus gebracht. Die Männer, die Jesus verurteilt haben, kommen mit. Sie sagen zu Pilatus: »Das ist Jesus. Wir haben ihn gefangen genommen. Er hetzt das Volk auf. Er verbietet, dem Kaiser Steuern zu bezahlen.« Einer ruft laut dazwischen: »Er will unser König sein.«

Pilatus fragt Jesus: »Bist du ein König?« Jesus antwortet: »Du hast recht. Ich bin ein König.«

»Was hat er denn Böses getan?«, will der Römer wissen. Da erhebt sich ein wildes Geschrei: »Er ist schuldig! Er ist schuldig! Kreuzige ihn!«

Pilatus fragt Jesus: »Sagst du nichts? Du hörst doch, wie hart sie dich anklagen.« Doch Jesus spricht kein Wort. Inzwischen hat sich eine riesige Menschenmenge gebildet. Die Rufe werden immer lauter: »Kreuzige ihn! Kreuzige ihn.«

Pilatus will keinen Ärger mit den vielen Menschen haben. Er lässt Jesus mit Peitschen schlagen. Dann gibt er den Befehl: »Kreuzigt ihn!«

Die Soldaten führen Jesus ab. Sie ziehen ihm einen purpurroten Mantel an. Auf seinen Kopf drücken sie eine Dornenkrone. Sie knien vor ihm nieder und spotten: »Sei gegrüßt, König der Juden.«

Jesus wird gekreuzigt

Markus 15, 20–39

Vor der Stadtmauer liegt der Hügel Golgota. Auf dem Hügel werden Verbrecher gekreuzigt. Soldaten führen Jesus den Berg hinauf. Das Holzkreuz muss er selber tragen. Unter der schweren Last bricht er fast zusammen.

Da kommt ein Mann vom Feld zurück in die Stadt. Es ist Simon. Die Soldaten zwingen ihn, das Kreuz für Jesus zu tragen.

Mit Nägeln wird Jesus an das Kreuz geschlagen. Über seinem Kopf steht auf einer Tafel: »Der König der Juden.« Zusammen mit Jesus werden zwei Räuber gekreuzigt. Ein Kreuz steht links, das andere rechts von ihm.

Um den Mantel von Jesus würfeln die Soldaten. Wer die höchste Zahl hat, darf den Mantel behalten.

Ein Mann zeigt auf Jesus. Er spottet: »Anderen hat er geholfen. Jetzt kann er sich selber nicht helfen.« Ein paar Leute lachen: »Der will der Messias sein. Dann soll er doch vom Kreuz heruntersteigen.«

Am Mittag um drei Uhr wird es finster wie in der Nacht. Jesus ruft laut: »Mein Gott, mein Gott, warum hast du mich verlassen?« Dann stirbt er.

Neben dem Kreuz hält ein römischer Hauptmann Wache. Er sagt: »Ich glaube, dass Jesus Gottes Sohn war.«

DER TOTE WIRD IN EIN FELSENGRAB GELEGT

Markus 15, 40-47

Maria von Magdala und Maria, die Mutter von Jakobus, und Salome stehen unter dem Kreuz. Sie haben schon immer zu Jesus gehalten. Auch auf dem Weg nach Jerusalem sind sie bei ihm gewesen. Bis zuletzt lassen sie ihn nicht allein.

Es wird Abend. Da kommt Josef. Er stammt aus dem Dorf Arimathäa. Josef ist reich. Er besitzt sogar ein eigenes Familiengrab.

Das Grab ist in einer Felsenhöhle. Josef aus Arimathäa ist ein angesehener Mann in Jerusalem. Die Leute reden nur Gutes über ihn. Er will den toten Jesus in sein Grab legen. Pilatus hat ihm das erlaubt.

Josef bringt ein großes Leintuch mit. Das hat er extra gekauft. Der Tote wird in das Tuch eingewickelt. In der Felsenhöhle wird er auf eine Bank aus Stein gelegt. Das Grab verschließt Josef mit einem großen Stein. Der Stein ist so schwer, dass man ihn vor den Höhleneingang rollen muss. Die drei Frauen schauen zu. Sie merken sich genau, wo Jesus hingebracht worden ist. Am Himmel sind ein paar Sterne zu sehen. Der Sabbat beginnt.

Das Grab ist leer

Markus 16, 1–8

Am Morgen nach dem Sabbat stehen die drei Frauen früh auf. Sie kaufen Öl, um den toten Jesus zu salben. Dann gehen sie zum Grab. Hinter den Hügeln geht langsam die Sonne auf. Da sagt die eine Maria zur anderen: »Ach, wer wälzt uns denn den schweren Stein weg?«
Salome ruft: »Der Stein ist fort! Das Grab ist offen!« Die drei gehen hinein. Doch auf der Felsenbank liegt kein Toter mehr. Dort sitzt jetzt ein junger Mann. Er hat einen langen weißen Mantel an. Die Frauen sind entsetzt.
Der Mann spricht ruhig: »Fürchtet euch nicht! Ihr sucht Jesus, den man gekreuzigt hat. Er ist nicht hier. Gott hat ihn von den Toten auferweckt. Schaut euch um. Ihr wisst, wo er gelegen hat.«
Er gibt den drei Frauen den Auftrag: »Sagt seinen Jüngern und Petrus, dass Jesus lebt. Kehrt alle wieder nach Hause zurück, nach Nazaret und Kafernaum. Dort werdet ihr ihn sehen.«
Die Frauen sind völlig verwirrt. Sie zittern am ganzen Leib. Ihr einziger Gedanke ist: »Weg von dem Grab!« Sie rennen davon.

Zwei Freunde wandern nach Emmaus

Lukas 24, 13–35

Am selben Tag wandern zwei von den Jüngern nach Emmaus. Das Dorf ist nur zwei Stunden von Jerusalem entfernt. Sie wollen hinaus aus der Stadt. Zu viel Schreckliches ist hier passiert. Unterwegs treffen sie einen Wanderer. »Warum seid ihr so traurig?«, fragt er.

Einer von den beiden, er heißt Kleopas, antwortet: »Weißt du nicht, was in Jerusalem geschehen ist? Da bist du wohl der Einzige.« Er erzählt, wie Jesus am Kreuz gestorben ist.

Der Freund von Kleopas weiß noch zu berichten: »Drei Frauen, die wir gut kennen, waren heute früh am Grab. Doch Jesus war nicht mehr da. Wir wissen nicht, was geschehen ist.«

Inzwischen sind sie in Emmaus angekommen. Der unbekannte Wanderer will weitergehen. Aber die beiden Freunde bitten ihn: »Bleib doch bei uns. Es ist schon Abend. Der Tag geht zu Ende. Wir laden dich ein.«

Sie setzen sich an den Tisch. Der Wirt bringt Brot und Wein. Der Fremde nimmt das Brot. Er bricht es in zwei Teile. Er dankt Gott für das Brot. Dann gibt er den zwei Freunden davon zu essen.

»Das ist ja genau wie bei Jesus«, ruft Kleopas. Jetzt fällt es ihnen wie Schuppen von den Augen. Sie erkennen Jesus. Aber da ist sein Platz auch schon leer. Er ist nicht mehr zu sehen. Die beiden Freunde springen auf. Sie müssen zurück zu den anderen. Sie müssen erzählen, dass Jesus lebt.

PETRUS ERHÄLT EINEN GROSSEN AUFTRAG

Johannes 21, 1–17

Sie sind wieder daheim in Kafernaum: Petrus, Thomas, Nathanael, Jakobus und Johannes. Sie sprechen nur über die traurigen Tage in Jerusalem. Am Abend sagt Petrus: »Ich fahre auf den See hinaus. Ich will Fische fangen.« Die vier Freunde kommen mit.

Am Morgen steht ein Mann am Ufer. Er ruft ihnen zu: »Habt ihr nichts zu essen?« »Nein, leider«, ruft Petrus zurück. »Nichts gefangen! Die ganze Nacht nicht!«

Der Fremde rät: »Werft das Netz nach rechts aus.« Sie tun es. Und schon hat sich ein ganzer Schwarm in den Schnüren verfangen.

Johannes flüstert Petrus zu: »Hast du gemerkt? Das ist Jesus.« Schon ist Petrus im Wasser. Er schwimmt an Land.

Am Ufer brennt ein Feuer. Nun sind auch die anderen mit dem schweren Boot angekommen. »Legt ein paar Fische auf die Glut«, sagt der Fremde. Jetzt wissen alle: ›Es ist der Herr‹. Sie brauchen ihn nicht zu fragen. Jesus bricht das Brot. Er teilt Brot und Fische an die Jünger aus, so wie er das immer getan hat.

Jesus fragt Petrus: »Hast du mich lieb?« Er fragt dreimal. Beim dritten Mal ist Petrus ganz traurig. Er antwortet: »Herr, du weißt alles. Du weißt, dass ich dich lieb habe.«

Da spricht Jesus zu ihm: »Bald wird es noch viel mehr Jünger auf der Erde geben als heute. Männer, Frauen und Kinder kommen dazu. Deine Aufgabe, Petrus, ist es, für sie alle wie ein Hirte zu sein.«

Die Apostel erzählen allen Menschen von Jesus Christus

Jesus schickt seine Boten in die Welt

Matthäus 28, 16–20 und Apostelgeschichte 1, 8–14.26

Auf einem hohen Berg stehen Männer und Frauen dicht beieinander. Viele Menschen sind gekommen. Alle kennen Jesus gut. Alle haben zu ihm gehalten. Auch elf Jünger sind dabei. Nur Judas fehlt.

Mitten unter ihnen steht Jesus. Er hat eine wichtige Botschaft: »Von heute an sollt ihr meine Boten sein«, ruft er. »Erzählt überall, was am See Gennesaret und in Galiläa, in Jericho und in Jerusalem geschehen ist. Sagt, was ihr von mir gehört und was ihr bei mir gelernt habt.«

Jesus streckt seine Hand aus. Er zeigt weit in die Ferne und spricht: »Fangt an in Jerusalem. Geht dann in alle Städte, auch nach Samaria. Geht in die weite Welt hinaus. Alle Menschen sollen von mir hören. Alle sollen meine Jüngerinnen und Jünger werden. Tauft Männer, Frauen und Kinder, die zu mir gehören wollen.« Jesus verspricht: »Ich bin immer bei euch. Ich mache euch stark.«

Alle Blicke sind auf Jesus gerichtet. Da kommt eine Wolke. Sie hüllt ihn ein wie dichter Nebel. An dem Platz, wo Jesus war, stehen zwei Männer. Sie tragen lange weiße Mäntel. »Was schaut ihr in den Himmel hinauf?«, fragen sie. »Ihr könnt Jesus nicht mehr sehen. Geht und tut, was er euch gesagt hat.«

Die Jünger sind jetzt wie eine Familie. Sie wohnen zusammen, sie essen zusammen, sie beten zusammen. Maria von Magdala und Maria, die Mutter von Jakobus, und Salome sind bei ihnen. Auch die Mutter von Jesus, sein Bruder Jakobus und die anderen Geschwister gehören dazu. Anstelle von Judas wird Matthias gewählt. So sind es wieder zwölf Jünger. Die Jünger werden jetzt häufig Apostel genannt. Apostel sind Boten. Sie predigen von Jesus.

Vom Himmel kommt ein Zeichen

Apostelgeschichte 2, 1–13

Jakobus mietet in Jerusalem ein Haus. Oben unter dem Dach ist ein großer Saal. Hier treffen sich viele Leute. Alle wollen von Jesus hören.

Andreas flüstert Jakobus ins Ohr: »So viele Menschen! Das macht mir Angst. Ich bin Fischer. Sonst habe ich nichts gelernt. Ich kann nicht predigen.« Jakobus beruhigt ihn. »Jesus hat doch gesagt: ›Ich mache euch stark‹«, erinnert er den Freund. »Ja«, fügt Petrus hinzu, »er schickt uns Kraft.« Da geschieht etwas. Es rauscht und braust im ganzen Haus. »Ein Sturm«, ruft jemand.

Doch kein Lüftchen bewegt sich. Von oben schweben Lichter herab wie kleine Feuerflammen. Man sieht die Flammen über den Köpfen der Jünger. In diesem Moment sind die Jünger wie verwandelt. Keiner fürchtet sich mehr.

Sie reden frei und ohne jede Angst. Sie erzählen laut, dass Jesus am Kreuz gestorben und nach drei Tagen auferstanden ist.

Viele Menschen im Saal sind aus Jerusalem. Manche kommen aus dem Ausland. Alle verstehen, was die Jünger sagen. »Es kommt mir vor, als ob sie in meiner Sprache reden«, sagt ein dunkelhäutiger Mann aus Ägypten.

Einige sind ganz still. Sie denken nach. Andere werfen voll Begeisterung die Arme in die Luft. Manch einer spottet: »Ich glaube, die sind nicht normal.«

Viele erklären: »Wir glauben, dass Jesus der Sohn Gottes und der Messias ist. Wir wollen getauft werden.« Die Zahl der Getauften wächst Tag für Tag.

Auch Griechen kommen dazu. Es werden immer mehr. Die Griechen sagen nicht Messias, sondern Christus. Deshalb wird jetzt häufig von Jesus Christus geredet. Und die Anhänger von Jesus heißen bald überall Christen.

PETRUS WIRD VERHAFTET

Apostelgeschichte 3, 1–11 und 4, 1–22 und 5, 29

Petrus steigt die Stufen zum Tempel hinauf. Gleich beginnt das Mittagsgebet. Auf der Treppe hockt ein armer Mann. Er ist von Geburt an gelähmt. Jeden Tag sitzt er am selben Platz. Er sitzt am Eingang zum Tempelhof, den man ›Die Schöne Tür‹ nennt. Der Mann streckt Petrus die magere Hand hin. »Eine kleine Spende, bitte«, murmelt er.

Petrus bleibt stehen. Er antwortet: »Geld habe ich nicht. Aber ich kann dir etwas Besseres geben. Im Namen von Jesus Christus sage ich dir: ›Steh auf! Du bist gesund‹« Der Gelähmte richtet sich auf. Ohne jede Hilfe geht er mit Petrus in den Tempelhof hinein.

Die Leute drängen sich um sie. »Wir kennen den Bettler doch. Der konnte noch nie allein gehen«, rufen sie erstaunt. »Wie ist denn das möglich?« Petrus erklärt laut: »Ihr wisst, dass Jesus Christus zum Tod verurteilt worden ist. Aber er lebt. Er gibt mir die Kraft, Menschen gesund zu machen.«

Jetzt greift der Hauptmann der Tempelwache ein. Er schimpft: »Jesus war ein Verbrecher. Was du sagst, ist gelogen.« Er verhaftet Petrus und führt ihn zu den Priestern. Der Hohe Priester droht Petrus: »Ich verbiete dir, hier noch einmal von Jesus zu reden. Du stiftest nur Unruhe. Jesus ist tot.«

Petrus lässt sich nicht einschüchtern. »Du irrst«, erwidert er. »Jesus ist auferstanden. Er allein kann die Menschen retten. Davon muss ich allen erzählen. So hat er es befohlen.« Mit fester Stimme sagt er: »Man muss Gott mehr gehorchen als den Menschen.«

Ein Minister lässt sich taufen

Apostelgeschichte 8, 26–40

Philippus, einer der Jünger Jesu, erwacht. Neben seinem Bett steht ein Engel. Der Engel spricht: »Steh auf, Philippus. Geh hinunter ins Tal. Stell dich an die Straße, die von Jerusalem zum Meer führt.« Philippus wirft den Mantel um. Er eilt aus dem Haus. Schon hört er Pferde. Sie ziehen einen Wagen mit prächtigen Wappen. Im Wagen sitzt ein vornehmer Herr aus Afrika. Er ist Finanzminister in einem fernen Königreich. Als er Philippus sieht, hält er an. »Kannst du mich ein Stück mitnehmen«, fragt Philippus. Der Fremde rückt ein wenig zur Seite und erzählt: »Seit vielen Jahren glaube ich an Gott. Deshalb bin ich nach Jerusalem gekommen. Ich wollte einmal in meinem Leben das Haus Gottes sehen.« Auf dem Schoß des Ministers liegt ein Buch. Philippus fragt: »Verstehst du auch, was du liest?«

»Ach, vieles ist mir ein Rätsel«, seufzt der Fremde. »Der Prophet Jesaja schreibt von einem Mann, der viel leiden muss. Er wird angeklagt. Aber er schweigt. Am Ende wird er zum Tod verurteilt. Aber Gott hält zu ihm. Er macht ihn lebendig. Wer ist dieser Mann?«

Philippus antwortet: »Ich kenne den Mann. Er heißt Jesus. Wir nennen ihn Christus und Herr. Er hat mir und meinen Freunden den Weg zu Gott gezeigt. Er hat viel Gutes getan.«

Der Minister sagt: »Er soll auch mein Herr sein. Ich werde Christ. Schau, hier ist Wasser. Taufe mich.«

Die beiden Männer steigen ins Wasser. Philippus taucht den Mann aus Afrika dreimal unter und spricht dazu: »Ich taufe dich, so wie es Jesus Christus befohlen hat.«

Ein Römer wird Christ

Apostelgeschichte 10, 1–33 und 44–48

Kornelius ist ein römischer Hauptmann. Er wohnt am Meer. Kornelius ist fromm. Er betet jeden Tag und möchte mehr über Gott erfahren. Im Traum sagt Gott zu ihm: »Petrus aus Jerusalem wird dir weiterhelfen.« Kornelius schickt drei Soldaten. Die sollen Petrus holen.

Zur gleichen Zeit betet Petrus in Jerusalem auf dem flachen Dach des Hauses. Da sieht er wie in einem Traum ein großes Tuch. Es kommt vom Himmel herab. In dem Tuch wimmelt es von Tieren. Er hört Gottes Stimme: »Petrus, nimm von den Tieren und iss.«

Petrus erschrickt. In dem Tuch sind Tiere, die Juden nicht essen dürfen, ›unreine Tiere‹, wie die Juden sagen. Doch die Stimme spricht: »Nichts ist unrein, was Gott erlaubt hat.«

Unten klopft es an die Haustür. Maria macht auf. Drei Römer stehen draußen. Sie erklären Maria: »Kornelius, unser Hauptmann, muss mit Petrus sprechen. Gott selber hat ihm das gesagt. Kornelius lädt Petrus in sein Haus ein.«

Petrus zögert. ›Römer sind Heiden‹, geht es ihm durch den Kopf. ›Juden dürfen nicht in das Haus von Heiden. Heiden sind unrein.‹ Doch da erinnert er sich an die Stimme: »Nichts ist unrein, was Gott erlaubt hat.« Sofort steigt er die Treppe hinunter und folgt den drei Männern.

Kornelius läuft Petrus entgegen. »Sei willkommen«, ruft er erfreut. Petrus erzählt von Jesus. Kornelius lauscht gebannt. Schließlich ruft er: »Petrus, du musst uns taufen, mich, meine Frau und meine Kinder.« Kornelius und seine Familie sind die ersten Römer, die Christen werden. Bald kommen noch viele andere Römer dazu.

Wütende Männer werfen Steine auf Stephanus

Apostelgeschichte 6 und 7, 1 und 44–60

Bei den Christen in Jerusalem gibt es Ärger. Wenn Essen und Kleider an Arme verteilt werden, gehen manche leer aus. Witwen, die keine Arbeit haben, bekommen oft nichts. Petrus macht einen guten Vorschlag: »Wir wählen sieben Leute, die für die Armen sorgen und aufpassen, dass niemand vergessen wird.«

Die meisten Stimmen bekommt Stephanus. Stephanus ist bei allen Christen beliebt. Er ist ehrlich und gerecht. Bei ihm kommt niemand zu kurz. Aber Stephanus hat auch Feinde. Was er sagt, gefällt vielen in Jerusalem nicht.

Eine Gruppe von Männern geht zu den Priestern. »Wir zeigen Stephanus an«, rufen sie empört. »Er hat auf dem Tempelplatz behauptet: ›Gott braucht kein Haus, das von Menschen gebaut ist. Sein Thron steht im Himmel.‹«

Jetzt schreien alle durcheinander: »Der will unseren Tempel kaputt machen! Das lassen wir uns nicht bieten!« Wütend gehen sie auf Stephanus los. Sie packen ihn und zerren ihn vor die Stadt. Die Männer werfen mit Steinen nach ihm.

Stephanus bricht zusammen. Er betet und ruft: »Ich sehe den Himmel offen. Ich sehe Jesus Christus. Er steht neben Gott.« Immer mehr Steine fliegen. Da schreit Stephanus laut: »Herr, vergib ihnen.« Dann stirbt er. Bei den Steinewerfern steht ein junger Mann. Der sagt: »Das hat Stephanus verdient. Er ist gefährlich.« Der junge Mann heißt Paulus.

Aus einem Verfolger wird ein Nachfolger

Apostelgeschichte 9, 1–30

Paulus ist wütend auf die Christen. »Man muss sie alle einsperren«, schimpft er. »Sie dürfen nicht sagen: ›Jesus ist Gottes Sohn.‹« Nicht allein in Jerusalem sucht er nach Christen. Mit Freunden macht er sich auf den Weg nach Damaskus. Schon sieht er die Türme der Stadt. Da erschrickt er. Ein helles Licht blendet ihn. Es ist heller als das Licht der Sonne. Paulus fällt auf den Boden. Er hört eine Stimme: »Paulus, warum verfolgst du mich?«

»Wer ist da?«, ruft Paulus. Die Stimme antwortet: »Ich bin Jesus. Jesus, den du verfolgst.« Paulus steht auf. Er ist blind. Seine Freunde führen ihn nach Damaskus. Sie bringen ihn in ein Haus in der Geraden Gasse. Paulus betet Tag und Nacht.

Während er auf dem Boden kniet, kommt Besuch. Ein Mann tritt in die Stube. Er sagt freundlich: »Ich bin Hananias. Gott schickt mich. Von heute an sollst du ein Bote Jesu sein, ein Apostel.« Jetzt kann Paulus wieder sehen.

Er kehrt nach Jerusalem zurück. Zuerst fürchten sich die Christen in Jerusalem vor ihm. Er hat sie ja lange verfolgt. Doch Paulus erzählt voller Freude: »Auch ich bin jetzt ein Christ.« Er verspricht: »Überall in der Welt will ich weitersagen, dass Christus mein Herr ist.«

Die neuen Freunde begleiten ihn bis zum Stadttor. Für Paulus beginnt eine weite Reise.

Paulus fährt mit dem Schiff nach Griechenland

Apostelgeschichte 16, 6–10 und Zweiter Brief an die Korinther 11, 26–28

Der Weg von Paulus führt am Meer entlang. Weiter geht es durch tiefe Schluchten und wilde Berge. Silas, ein Freund, begleitet ihn.

Oft finden sie kein Haus, in dem sie schlafen können. Bei Nacht ist es bitterkalt in den Bergen. An manchen Tagen haben sie nichts zu essen. Immer wieder müssen sie umkehren. Reißende Bäche haben die Brücken weggerissen. Manchmal müssen sie vor Räubern fliehen.

Paulus und Silas kommen durch Länder mit fremden Namen: ›Phrygien‹, ›Galatien‹, ›Mysien‹. Heute leben die Türken in dieser Gegend. Überall erzählen die beiden Apostel von Jesus. Nach ein paar Wochen erreichen sie die Stadt Troas. Troas hat einen Hafen am Meer. Von hier fahren viele Schiffe nach Griechenland.

Bei Nacht hat Paulus einen Traum. Ein Mann steht vor ihm. Er ist wie ein Grieche gekleidet und sagt: »Komm herüber und hilf uns!«

Am nächsten Morgen kaufen Paulus und Silas Fahrkarten für das Schiff nach Griechenland.

Lydia nimmt Paulus und Silas in ihr Haus auf

Apostelgeschichte 16, 11–15

Nach langer Fahrt legt das Schiff mit Paulus und Silas in Griechenland an. Vom Hafen ist es nicht weit nach Philippi. Philippi ist eine große Stadt. Die beiden Freunde staunen über die breiten Straßen. Überall sehen sie römische Soldaten.
Es ist Sabbat, der Feiertag der Juden. Paulus und Silas haben gehört, dass jüdische Frauen am Flussufer Gottesdienst feiern. Es gibt keine Synagoge. Schnell finden die beiden Männer die Stelle, wo die Frauen zusammenkommen.
Die Frauen freuen sich, dass Paulus und Silas mit ihnen beten und in den Büchern der Propheten lesen. Paulus erzählt von Jesus. Die Frauen haben noch nie etwas von Jesus gehört. Paulus erklärt ihnen, dass Jesus der Christus ist. »Gott hat ihn geschickt«, sagt er. »Christus wird alle Menschen retten.«
Eine Frau heißt Lydia. Sie handelt mit Purpurfarbstoff. Purpurfarbe ist kostbar und teuer. Lydia ist reich. Die Geschichte von Jesus geht ihr zu Herzen. Sie will alles über ihn wissen. Dann lässt sie sich mit ihrer ganzen Familie taufen. Sie wird Christin. Lydia bittet die Apostel, ein paar Tage in ihrem Haus zu wohnen.

Paulus vertreibt einen bösen Geist

Apostelgeschichte 16, 16–22

Paulus und Lydia sind jetzt gute Freunde. Doch es dauert nicht lange, da gibt es Streit in Philippi. In der Stadt lebt eine Magd. Man erzählt über sie: »Diese Frau hat einen Wahrsagegeist.«
Viele Leute kommen zu ihr und fragen sie. Sie wollen von ihr hören, was morgen oder übermorgen oder in einem Monat oder in einem Jahr passiert. Dafür müssen sie Geld bezahlen. Aber das Geld bekommt nicht die Magd. Das bekommt der Mann, für den sie arbeitet. Paulus und Silas ärgern sich

über die Frau. Sie läuft ihnen immer hinterher. Überall in der Stadt schreit sie herum: »Diese Männer sind Boten des allerhöchsten Gottes.«
Das gefällt Paulus überhaupt nicht. Er will nichts zu tun haben mit dem Wahrsagegeist. Deshalb befiehlt er ihm: »Lass die Frau sofort in Ruhe!« Da macht sich der Geist davon.
Die Magd ist jetzt keine Wahrsagerin mehr. Sie ist froh, dass sie von dem bösen Geist befreit ist. Aber ihr Herr ist zornig. Er verdient jetzt nichts mehr. Deshalb geht er zur Polizei und zeigt Paulus und Silas an.

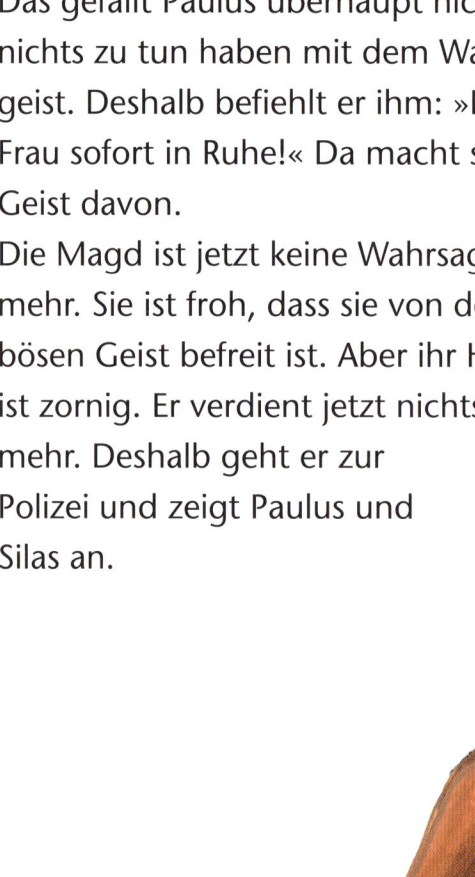

Die Apostel loben Gott im Gefängnis

Apostelgeschichte 16, 23–34

Paulus und Silas werden mit Stöcken geschlagen. Dann werden sie ins Gefängnis gesperrt. Der Gefängnisaufseher bringt sie in eine Zelle tief unten im Keller. Ihre Beine kettet er an einen Holzblock an. Zuletzt hängt er ein schweres Schloss vor die Tür.
Mitten in der Nacht hören die Mitgefangenen lauten Gesang. Er kommt aus der Zelle von Paulus und Silas. Auf einmal bebt die Erde. Die dicken Gefängnismauern wackeln. Die Türen öffnen sich. Die Schlösser an den Ketten springen auf.
Der Gefängnisaufseher fährt aus dem Schlaf hoch. Er sieht die offenen Türen. Er wird blass im Gesicht. »So eine Schande für mich! Ich sollte doch aufpassen. Jetzt sind alle fort! Wie konnte das nur passieren!« Er greift nach dem Schwert und will sich töten.
Da hört er die Stimme von Paulus: »Tu dir nichts zuleide. Alle Gefangenen sind noch hier.« Der Mann kann es nicht fassen. Er nimmt ein Licht und schaut nach. Tatsächlich, keiner fehlt. Zitternd fällt er vor Paulus und Silas auf die Knie. Er führt sie in seine Wohnung. Dort betupft er ihre Verletzungen mit Wundöl. Der Aufseher lässt sich taufen. Dazu auch seine Frau, seine Kinder, samt Dienern und Mägden. Dann setzen sich alle zusammen an den Tisch. Es gibt ein richtiges Festessen.

CHRISTEN HALTEN ZUSAMMEN –
EIN BRIEF AN DIE GEMEINDE IN KORINTH

Erster Brief an die Korinther 12, 12–26

Ein paar Tage wohnen Paulus und Silas noch bei Lydia in Philippi. Dann ziehen sie weiter. Sie wollen auch in andere große Städte.
Sie kommen nach Korinth, nach Athen und nach Ephesus. Überall predigen sie von Jesus Christus. Viele Familien lassen sich taufen. An allen Orten in Griechenland gibt es jetzt christliche Gemeinden. Wenn Paulus auf Reisen ist, schreibt er Briefe an die Gemeinden. An die Christen in Korinth schreibt er:

Liebe Freundinnen und Freunde in Korinth,
ich möchte, dass Ihr immer fest zusammenhaltet. Wer getauft ist, gehört zu Christus. Und alle Christen gehören zusammen.
Ihr müsst Euch das so vorstellen wie beim Körper eines Menschen. Da gibt es viele Glieder und Sinne. Aber alle zusammen sind der Körper.
Das Auge kann nicht zum Ohr sagen: ›Ich brauche dich nicht. Ich kann allein sehen. Du gehörst nicht zum Körper.‹ Und der Fuß kann nicht zur Hand sagen: ›Ich brauche dich nicht. Ich kann ohne dich laufen. Du gehörst nicht dazu.‹
Alle Sinne sind wichtig. Jedes einzelne Glied ist wichtig. Ein Glied braucht das andere.
Genauso ist das in der christlichen Gemeinde. Die einen predigen und erzählen von Jesus. Andere singen im Gottesdienst. Andere helfen den Armen. Keiner ist wichtiger als der andere. Wenn einer leidet, leiden alle mit. Wenn sich eine freut, freuen sich alle mit.

Herzlich grüßt Paulus

Paulus kommt nach Jerusalem zurück

Apostelgeschichte 20, 16 und
21, 15–17.27–36 und 22, 22–29

Zu Pfingsten will Paulus wieder in Jerusalem sein. Ein Schiff bringt ihn zurück. Die Christen in Jerusalem begrüßen ihn mit großer Freude. Es gibt viel zu erzählen. Am nächsten Tag geht Paulus zum Gebet in den Tempel. Plötzlich ruft einer: »Der Verräter ist wieder da!«

»Erst hat er die Christen verfolgt, jetzt ist er ihr Freund«, tönt es über den Platz.

»In der ganzen Welt erzählt er, dass Jesus Gottes Sohn ist. Aber Jesus ist tot!«, schreien andere dazwischen. Die Menge tobt. Kräftige Fäuste schlagen auf Paulus ein.

Da treten römische Soldaten dazwischen. Der Anführer fragt: »Was ist hier los? Was werft ihr dem Mann vor?« Doch niemand gibt eine richtige Antwort. Alle schreien wild durcheinander. Die Römer nehmen Paulus fest. An Händen und Füßen gefesselt bringen sie ihn in ihre Burg. Viele Leute folgen dem Gefangenen. Sie rufen: »Weg mit ihm! Er soll sterben!«

Der römische Oberst heißt Klaudius. Er will endlich wissen, was Paulus getan hat. Er sagt zu den Soldaten: »Schlagt ihn mit der Peitsche. Dann wird er schon reden.« Sie binden Paulus an einer Säule fest.

Doch Paulus sagt: »Wisst ihr, dass ich ein römischer Bürger bin. Mein Vater war Römer. Deshalb bin auch ich Römer.« Der Oberst erschrickt. Er befiehlt: »Bindet ihn los! Wir dürfen keinen Römer auspeitschen. Das hat der Kaiser verboten.«

Die Gegner planen einen Mordanschlag

Apostelgeschichte 23, 12–22

Im Schatten einer Hauswand stehen zwei Männer. Sie reden leise. Zufällig wohnt ein Neffe von Paulus in dem Haus, der Sohn seiner Schwester. Durch das offene Fenster hört er die beiden Männer. »Also machst du mit?«, sagt eine Stimme. »Klar, ich bin dabei«, erklärt der andere. »Gut, dann sind wir schon 40«, antwortet der Erste. »Wir warten, bis Paulus aus der Römerburg kommt. Dann bringen wir ihn um.« Schnell zieht der Neffe von Paulus seine Sandalen an. Durch die Hintertür eilt er aus dem Haus. Am Burgtor bittet er den römischen Wachsoldaten: »Schnell, lass mich hinein. Ich muss den Oberst sprechen.« Er wird in einen hohen Raum mit Säulen geführt. Klaudius, der Oberst, ist über ein großes Blatt mit vielen Zeichen gebeugt. Er blickt auf. »Was hast du zu melden?«, fragt er.

Der Neffe von Paulus stößt atemlos hervor: »Sie wollen Paulus töten. 40 Männer haben sich verschworen. Sobald er die Burg verlässt, greifen sie zu.«

»Sag niemandem, dass ich alles weiß«, mahnt der Oberst. »Ich werde ihnen einen Strich durch die Rechnung machen.«

Paulus wird in Sicherheit gebracht

Apostelgeschichte 23, 23–35 und 25, 9–12 und 27, 1

Der Oberst schreibt einen Brief an Felix, den Stellvertreter des Kaisers in der großen Stadt Caesarea am Mittelmeer.

Verehrter Felix,
meine Soldaten bringen einen Gefangenen zu Dir. Er wird schwer beschuldigt. Aber ich finde keinen Grund dafür. Wenn ich ihn freilasse, wird er umgebracht. 40 Männer wollen ihn ermorden. Das habe ich eben erfahren. Deshalb schicke ich ihn zu Dir.

Es grüßt Oberst Klaudius

Dann ruft Klaudius den Hauptmann. »Du musst Paulus zum römischen Statthalter in Caesarea bringen«, befiehlt er. »Doch warte, bis es dunkel ist. Paulus ist in Gefahr. Nimm 70 Reiter mit. Die sollen auf den Gefangenen aufpassen.« Mit der Hand zeigt er auf den Brief auf seinem Tisch.

»Pass gut auf den Brief auf. Du gibst ihn dem Statthalter Felix, ihm ganz persönlich.«
Sterne stehen am Himmel. Da galoppiert ein Reitertrupp durch das weit geöffnete Burgtor in die Nacht hinaus. Auf einem Pferd in ihrer Mitte sitzt Paulus. Am Morgen sind die Soldaten in Caesarea. Die Wache des Statthalters nimmt den Gefangenen mit.
Felix will Paulus verhören. Die Ankläger aus Jerusalem sollen als Zeugen eingeladen werden. Aber Paulus erklärt: »Ich bin ein römischer Bürger. Nur das Gericht des Kaisers in Rom darf über mich urteilen.« Da ruft Felix den Hauptmann Julius. Julius soll den Gefangenen mit dem Schiff nach Rom bringen.

Das Schiff gerät in einen schweren Sturm

Apostelgeschichte 27, 13–44 und 28, 1.2.11

Die Fahrt nach Rom wird lebensgefährlich. Es ist Herbst. Ein heftiger Nordostwind fegt über das Meer. Schwere Gewitter brechen nieder. Tagelang sind weder Sonne noch Sterne zu sehen. Der Kapitän weiß nicht mehr, wohin er das Schiff lenken soll. Mächtige Wellen werfen das Steuer hin und her.

Plötzlich gibt es einen Ruck. Das Schiff ist auf eine Sandbank aufgelaufen. Die Matrosen wollen mit dem Rettungsboot fliehen. Paulus beobachtet sie. Er sagt zu dem Hauptmann: »Ohne die erfahrenen Seeleute sind wir alle verloren.«

Da befiehlt Julius einem Soldaten: »Nimm dein Schwert! Schlag das Tau ab, an dem das Rettungsboot hängt.« Das Boot fällt ins Meer. Die Wellen reißen es fort.

Am Morgen sehen sie Land. Das Schiff steckt in einer Bucht fest. Bald wird es auseinanderbrechen. Einige schwimmen an Land. Die Nichtschwimmer klammern sich an Brettern und Balken fest. So erreichen sie das Ufer. Alle werden gerettet.

Die Bucht gehört zur Insel Malta. Die Bewohner der Insel empfangen die Schiffbrüchigen freundlich. Schiffsbesatzung, Passagiere und Gefangene wärmen sich an einem Feuer und trocknen die nassen Kleider. Sie bekommen zu essen und zu trinken. Erst drei Monate später wird die Fahrt nach Rom fortgesetzt.

ENDLICH IST PAULUS AM ZIEL

Apostelgeschichte 28, 11–31

In Rom wird Paulus schon erwartet. Männer und Frauen aus der christlichen Gemeinde kommen ihm entgegen.
Rom ist die Hauptstadt des großen römischen Reiches. Auch hier will Paulus von Jesus Christus erzählen. Das hat er sich immer gewünscht. Er ist froh. Jetzt ist er am Ziel.

Paulus muss nicht ins Gefängnis. Er mietet eine Wohnung. Die Wohnung darf er nicht verlassen. Ein Soldat bewacht ihn. Aber Männer und Frauen aus Rom dürfen Paulus besuchen.
Jeden Tag gehen viele bei ihm aus und ein, Christen und Juden. Bis in die Nacht reden sie über den Tod von Jesus am Kreuz und über seine Auferstehung. Die einen glauben, dass Jesus Gottes Sohn ist, andere haben Zweifel.

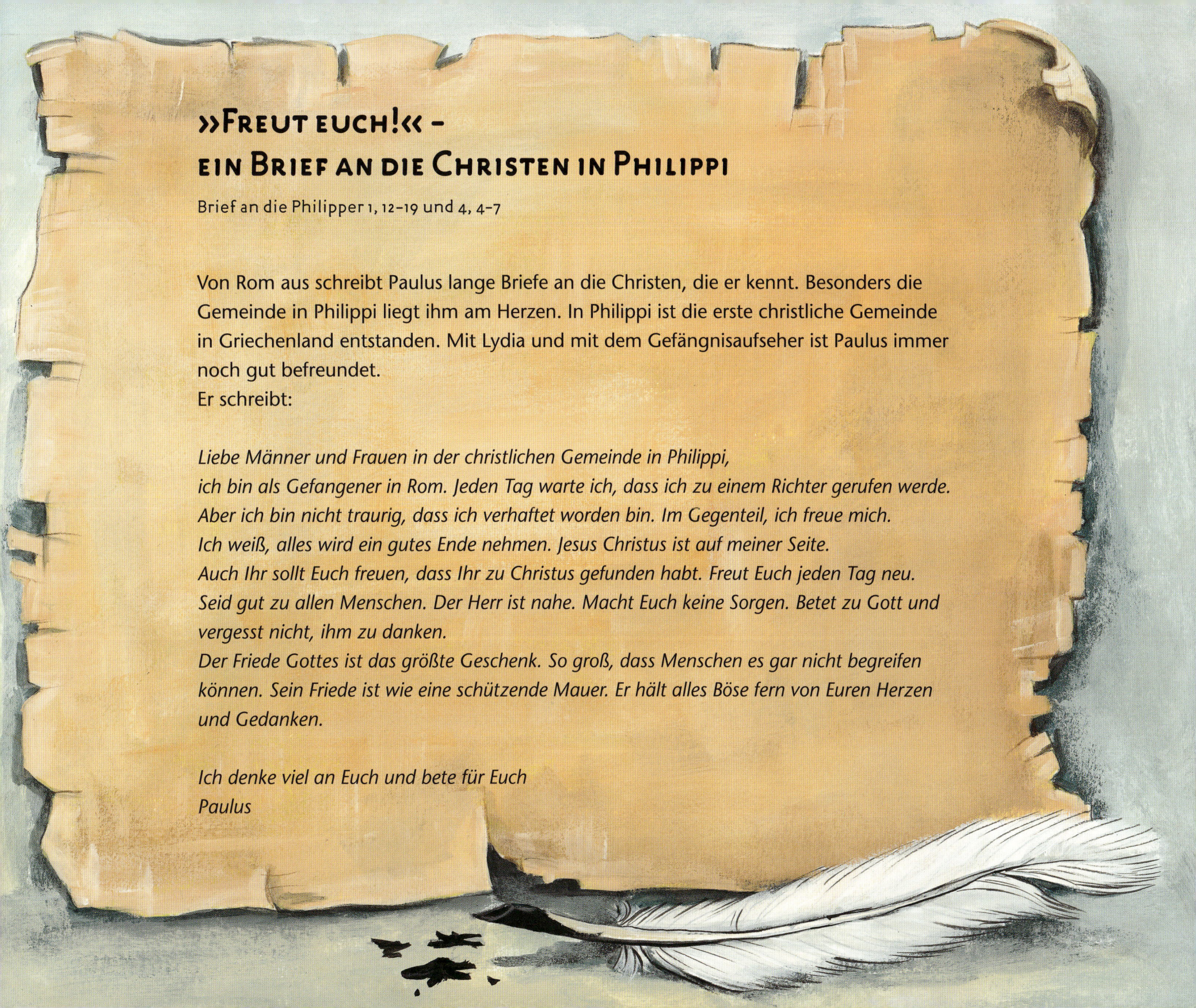

»Freut euch!« –
ein Brief an die Christen in Philippi

Brief an die Philipper 1, 12–19 und 4, 4–7

Von Rom aus schreibt Paulus lange Briefe an die Christen, die er kennt. Besonders die Gemeinde in Philippi liegt ihm am Herzen. In Philippi ist die erste christliche Gemeinde in Griechenland entstanden. Mit Lydia und mit dem Gefängnisaufseher ist Paulus immer noch gut befreundet.
Er schreibt:

Liebe Männer und Frauen in der christlichen Gemeinde in Philippi,
ich bin als Gefangener in Rom. Jeden Tag warte ich, dass ich zu einem Richter gerufen werde.
Aber ich bin nicht traurig, dass ich verhaftet worden bin. Im Gegenteil, ich freue mich.
Ich weiß, alles wird ein gutes Ende nehmen. Jesus Christus ist auf meiner Seite.
Auch Ihr sollt Euch freuen, dass Ihr zu Christus gefunden habt. Freut Euch jeden Tag neu.
Seid gut zu allen Menschen. Der Herr ist nahe. Macht Euch keine Sorgen. Betet zu Gott und vergesst nicht, ihm zu danken.
Der Friede Gottes ist das größte Geschenk. So groß, dass Menschen es gar nicht begreifen können. Sein Friede ist wie eine schützende Mauer. Er hält alles Böse fern von Euren Herzen und Gedanken.

Ich denke viel an Euch und bete für Euch
Paulus

Inhaltsverzeichnis

Die Schreibung der Orts- und Personennamen folgt
weitgehend den Loccumer Richtlinien.
In Einzelfällen haben wir uns aus Gründen der Lesbarkeit
für die evangelische Schreibweise entschieden.

Polster, Martin:
Die große Gabriel Kinderbibel
ISBN 978 3 522 30274 6

Einband- und Innenillustrationen: Rike Janßen
Einbandtypografie: Michael Kimmerle
Layout und Texttypografie: Bettina Wahl
Fachliche Beratung: Cornelia Sixt, Helmut Rau
Reproduktion: Photolitho AG Gossau/Zürich
Druck und Bindung: Livonia Print, Riga
© 2012 Gabriel
in der Thienemann-Esslinger Verlag GmbH, Stuttgart
Printed in Latvia. Alle Rechte vorbehalten.

2. Auflage 2016

Gabriel Newsletter
Lesetipps und vieles mehr kostenlos per E-Mail
www. gabriel-verlag.de

Entdecken Sie auch diese Bücher von Martin Polster!

Martin Polster
Die Bibel in 365 Geschichten

Für jeden Tag des Jahres eine Geschichte! Mit außergewöhnlich prachtvollen und detailreichen Bildern begleitet diese Kinderbibel Kinder und ihre Eltern durch das Jahr.

400 Seiten mit farbigen Illustrationen von Natascia Ugliano
Gebunden mit Halbleinen | 17,0 x 24,0 cm
ISBN 978-3-522-30384-2

Martin Polster
Gib mir Wurzeln, lass mich wachsen
Psalmen für Kinder

Martin Polster hat vierzig Psalmen ausgewählt und für Kinder bearbeitet. Mit diesen Gebeten kann man groß werden.

96 Seiten mit farbigen Illustrationen von Elena Temporin
Gebunden, mit Halbleinen | 14,4 x 20,5 cm
ISBN 978-3-522-30079-7

Kindergebete aus dem Gabriel Verlag

Stephan Sigg
Du machst mich froh
Kindergebete für jeden Tag

Über 60 Gebete für morgens, mittags, abends und zwischendurch. Sie machen Kindern Mut, mit ihren kleinen und großen Sorgen und schönen Erlebnissen zu Gott zu kommen.

64 Seiten mit farbigen Illustrationen von Verena Körtnig
Gebunden mit Halbleinen | 14,4 x 20,5 cm
ISBN 978-3-522-30393-4

Martina Steinkühler
Für dich bin ich immer da
Gebete für Kinder

An Gott kann man sich wenden, egal, was man auf dem Herzen hat. Die Religionspädagogin Martina Steinkühler zeigt Kinder, wie sie sich im Gebet Gott anvertrauen können.

80 Seiten mit farbigen Illustrationen von Barbara Nascimbeni
Gebunden | 21,0 x 21,0 cm
ISBN 978-3-522-30425-2